LES MÉ

Collection dirigée par H. Sabbah

Hélène SABBAH

Le Résumé (2)
Perfectionnement

Définitions
Méthode
Exercices
Mots clés
Corrigés

HATIER

ISBN 2-218-03528-6

Mode d'emploi

Dans la série des MÉTHODIQUES HATIER, le volume I consacré au résumé constituait la phase d'initiation et d'apprentissage. Le volume II aborde **l'entraînement** et le **perfectionnement**. Il repose sur les mêmes principes et propose une méthode similaire.

On y trouvera en particulier :

– le **rappel**, chapitre par chapitre, **des difficultés** déjà identifiées dans le volume I. Ce rappel est immédiatement suivi d'**exercices d'application** portant sur des textes donnés à l'Épreuve Anticipée de Français,

– une **graduation** dans l'approche **des difficultés** : dans chaque chapitre, les exercices portent sur des textes progressivement plus longs et plus difficiles. Chacun peut ainsi suivre son propre rythme,

– des **exercices** eux-mêmes **progressifs** : chaque texte est précédé d'une série de **questions** dont les réponses conduisent à l'élaboration du résumé, étape par étape,

– les **corrigés** de TOUS les exercices. Ils permettent de vérifier la progression du travail. Il est ainsi recommandé de vérifier chaque question avant d'aller plus loin. Pour chaque texte, le résumé se construit par l'identification et la maîtrise des difficultés spécifiques.

N.B. A l'Épreuve Anticipée de Français, l'exercice de résumé est accompagné de questions de vocabulaire. C'est pourquoi, dans certains textes, des mots ou expressions en italique sont destinés à être expliqués. Leur explication est donnée dans la partie « Corrigés ».

Sommaire

1. Qu'est-ce qu'un résumé de texte ?

Testez vos connaissances théoriques

Voici une série de questions portant sur le résumé. En y répondant, vérifiez que vous pouvez clairement définir l'exercice et la démarche qu'il implique.

Répondez par OUI ou par NON puis justifiez votre réponse. Vous trouverez p. 77 du corrigé les réponses correctes ainsi que la définition officielle du résumé.

A | Résumer un texte, c'est :

1. Dire brièvement ce que l'auteur a voulu faire comprendre ?

2. Analyser les étapes du raisonnement ?

3. Rendre compte de chaque paragraphe en réduisant à chaque fois le nombre de mots au quart ?

4. Se mettre à la place de l'auteur et reprendre – en son nom – l'argumentation en la réduisant au quart des mots utilisés ?

5. Reprendre des morceaux de phrases en veillant bien à réutiliser les mots d'origine ?

6. Réduire le texte en veillant à supprimer TOUS les exemples ?

B | Faire un résumé demande-t-il :

1. De repérer les articulations logiques du texte ?

2. D'analyser les sonorités des mots qui le composent ?

3. De repérer les réseaux lexicaux ?

4. De savoir expliquer les mots ou les expressions clés du texte ?

5. De respecter le système de l'énonciation ?

6. De remplacer systématiquement les mots clés par des synonymes ?

Exercices

1. Voici un texte suivi de son résumé. Dans le résumé, les phrases soulignées comportent des fautes. Identifiez-les.

TEXTE

*L*a presse d'information exerce dans tous les pays, quel qu'en soit le régime, une influence qu'aucun pouvoir ne peut négliger et qui constitue, on l'a dit, un pouvoir en elle-même. De graves appréhensions sont nées à ce sujet et s'affirment au fil des ans. La presse écrite évolue dans une direction qui risque, sur
5 les plans intellectuel et moral, d'aboutir à une impasse. Et c'est finalement toute l'opinion publique qui en éprouverait un préjudice.

Les journaux veulent plaire. Ils veulent donc publier les articles que le lecteur désire lire. Or, ce lecteur n'est pas naturellement porté vers l'effort intellectuel. Il préfère absorber un aliment qu'il n'aura aucune peine à assimiler, même si cet
10 aliment ne le nourrit pas, même s'il ne lui apporte aucune des « vitamines intellectuelles » ou des « calories culturelles » qui devraient constituer son repas quotidien.

Il n'y a pas tellement d'années, les journalistes, ceux qui rédigeaient les journaux, ceux qui les mettaient en page, qui en assuraient la présentation, avaient
15 pour objectif la défense de certaines idées. Ils voulaient, avant tout, informer et former l'opinion publique. L'informer loyalement et la former intelligemment. Ils voulaient l'orienter à travers les récifs et les incertitudes de la vie politique ou sociale. Et, bien entendu, cette tâche n'allait pas sans une certaine lourdeur. Mais elle avait, indéniablement, son utilité et sa noblesse. Tandis qu'aujourd'hui, les
20 journaux – beaucoup d'entre eux en tout cas – ont renoncé à précéder l'opinion ; ils préfèrent la suivre. Puisqu'elle demande des nourritures sans consistance, eh bien, on lui donnera des nourritures sans consistance ! C'est ainsi qu'est née la presse à sensation.

J. Guyau, La pensée et les hommes.

Résumé

La presse d'information est <u>en expansion</u> constante mais <u>n'a aucun pouvoir</u>. Elle s'oriente dans une voie dangereuse et défavorable à l'ensemble de l'opinion. Dans l'objectif de séduire, les journaux apportent à leurs lecteurs <u>des calories culturelles</u>. Naguère les journalistes se donnaient pour mission l'information mais
5 aussi la formation du public. C'était difficile mais honorable. Actuellement, <u>les journaux suivent l'opinion</u> et <u>lui donnent des nourritures sans consistance, d'où la naissance de la presse à sensation</u>.

2. Le texte suivant est suivi de deux résumés, l'un bon et l'autre mauvais, mais les paragraphes qui les composent ont été mélangés. Retrouvez les deux paragraphes du bon résumé et dites pourquoi les deux autres sont mauvais.

T E X T E

Jusqu'à la Seconde Guerre mondiale, la quasi-totalité des populations n'avaient qu'un seul droit : rester sur place. Voyager – pour le plaisir s'entend – était le fait d'une minorité de gens fortunés, d'oisifs et de quelques fous, c'est-à-dire de navigateurs solitaires. Pendant ce temps, le reste du monde s'échinait à peiner et
5 *à mourir au même endroit. A la fin de la guerre, tout se mit à changer, du moins en Europe. L'Afrique, le Proche-Orient et l'Asie libérés s'offrirent aux rêves et aux loisirs de l'Occident. Et l'on put alors célébrer la naissance du principal nouveau-né de l'après-guerre : le touriste. Qu'y avait-il autour de son berceau ? Des fées qui se nommaient Étranger, Évasion, Exotisme. Et des faits qui se*
10 *nomment toujours Circuits, Charters et Casinos. A tous ces rêves et ces besoins nouveaux, il fallait en effet des infrastructures. Alors se multiplièrent des agences de tourisme qui s'empressèrent de quadriller de par le monde les cadastres du paradis.*

Rappelons d'abord une simple étymologie. Être en vacances, cela veut dire être
15 *vacant, être disponible, être vide aussi. Et ce vide, des centaines d'affairistes ne tardèrent pas à en profiter, c'est-à-dire à le combler avec profits. Dans un monde où notre vie quotidienne est de plus en plus organisée et programmée par d'autres – notre lieu de travail, nos horaires, nos moyens de transport, nos habitudes alimentaires et même nos chaînes (quel mot symbolique !) de télévision – on*
20 *pourrait croire que nos loisirs et nos désirs échapperaient à ces contraintes. Eh bien, pas du tout ! Là encore, la plupart préfèrent s'en remettre à d'autres, à des agences spécialisées, du soin de programmer leur liberté. Alors, transporté par le transporteur, accompagné par l'accompagnateur, animé par l'animateur, voire surveillé par le surveillant, le touriste doit avoir l'impression de redevenir un*
25 *enfant, de revivre le temps chéri de la prise en charge. Mais aussi, cessant d'être responsable, abdiquant toute initiative, transporté, accompagné, animé et ré-animé, il cesse d'être un voyageur pour devenir un voyagé[1].*

J. LACARRIÈRE, *Le Monde.*

---

1. Mot à expliquer dans son contexte (solution p. 93).

Résumé 1

Avant-guerre, les gens faisaient des efforts pour mourir chez eux. Après, les pays exotiques adoptèrent les passe-temps occidentaux. Alors naquit le touriste, accompagné de nombreuses infrastructures et d'agences de tourisme.

Étymologiquement, le mot vacances implique le vide, que certains savent combler. On pourrait penser que le voyage ne subirait pas les conditionnements de la vie. Au contraire, le touriste attend des autres qu'ils gèrent ses loisirs. Alors, conduit, aidé, protégé, de voyageur, il se transforme en « voyagé ».

Résumé 2

Avant 1939, le voyage d'agrément était réservé à quelques privilégiés. Les autres restaient sédentaires. Après la guerre, l'ouverture des pays exotiques provoqua l'apparition d'un nouveau type de voyageur. Sa naissance fut accompagnée par la création de structures touristiques organisant les déplacements.

5 *Les hommes d'affaires ont rempli un manque. L'occupation du temps libre est très contraignante. C'est pourquoi tous s'adressent à des organisateurs qui aiment les enfants et les aident. Le voyageur y perd ses responsabilités.*

VÉRIFIEZ VOS RÉPONSES

A présent, si vous êtes capable de définir ce qu'est un résumé, vos pouvez passer au chapitre 2.

2. Comment repérer les idées essentielles, comment abréger ?

Rappel

Pour faire le résumé d'un texte, il faut le **réduire**. Cela implique l'abandon de certaines idées et la reformulation abrégée de celles qui sont essentielles. Les difficultés rencontrées se situent donc :

– lors du **repérage** des idées essentielles ;

– lors de la **reformulation**, qui se fait sous une forme abrégée, avec des **termes différents** de ceux que l'auteur a employés.

Le risque est toujours de fausser le sens du texte lorsque l'on procède à ces deux opérations.

Exercices

TEXTE 1

Voici un texte. Lisez-le attentivement, puis répondez aux questions permettant de préparer le résumé.

L'usage que chacun fait de son temps libre, en fin de journée, en fin de semaine, durant les semaines de congé payé, ne se comprend que par rapport au travail et au mode d'existence dans la ville. La part faite au sport, au divertissement, à l'information ou à l'enrichissement, à la solitude ou au groupe,
5 *varie selon les métiers, les modes ou les individus. Choix libre en ce sens qu'aucun règlement ne l'impose. Non pas nécessairement l'expression d'une liberté : la personne elle-même se soumet à des interdits et à des obligations qu'elle a inconsciemment intériorisés.*

9

Chaque société a ses jeux et ceux-ci ont le même caractère d'évidence que les
10 coutumes. Certains sociologues ont esquissé une typologie des jeux en relation avec
la diversité des types sociaux. La sociabilité industrielle favorise manifestement les
jeux de compétitions et de hasard. Des deux côtés de l'Atlantique, les jeux de la
télévision comportent une combinaison de l'élément d'« agon[1] » et de l'élément
d'« aléa[2] » : la question qui vaut soixante-quatre dollars est une affaire de chance
15 autant qu'une épreuve intellectuelle. Cette combinaison présente une parenté de
style avec les régimes économiques ou politiques des sociétés modernes : en théorie,
la hiérarchie sociale sanctionne les résultats d'une compétition équitable ; en fait,
les concurrents ne partent pas tous sur la même ligne. La bonne ou la mauvaise
chance ont déterminé le sort de chacun (aux deux sens du mot sort).

20 Le sport, dont l'expansion prodigieuse est un des phénomènes typiques de notre
époque, marque le triomphe de l'esprit de compétition, bien que l'élément de
hasard ne disparaisse jamais entièrement. Il réhabilite des qualités qui n'ont plus
guère de prix dans la compétition sociale. La force, l'adresse, la résistance,
éliminées d'abord du travail (et du combat) aux échelons supérieurs de la
25 hiérarchie, puis progressivement des échelons moyens ou inférieurs, sont, grâce au
sport, réhabilitées, exaltées pour elles-mêmes. Outils, machines se substituent à la
main et réduisent l'effort physique, le corps redevient le héros sur les stades autour
desquels se pressent les foules. Certains sports n'ont pas dépassé les frontières
d'une nation (cricket) ; d'autres ne se pratiquent guère en dehors d'une couche
30 sociale étroite (golf) ; la plupart des sports, quelle qu'en soit la patrie d'origine,
ont fait le tour du monde, adoptés, non pas seulement parce qu'ils venaient de pays
prestigieux, mais parce qu'ils faisaient partie intégrante de la civilisation en voie
de diffusion.

R. ARON, *Les désillusions du progrès*, 1967.

1. Repérer les idées essentielles

■■■■ **1.** Repérez dans le premier paragraphe les idées qui vous semblent
essentielles, et qu'il faudra conserver dans le résumé.

■■■■ **2.** Voici trois reformulations reprenant les idées du premier paragraphe.
Laquelle vous semble rendre le mieux les idées essentielles ?

– Il y a plusieurs moments où chacun peut avoir du temps libre, qu'il utilise à
son gré : personne ne le contraint. C'est la société qui détermine certains
impératifs.

– C'est la ville qui détermine l'utilisation du sport par certains êtres. Ils se
croient libres mais sont prisonniers d'impératifs sociaux.

1. *Agon* : combat, compétition.
2. *Aléa* : hasard, chance.

– *L'utilisation du temps de loisir est liée au mode de vie et à la profession de chacun. Les choix – que nul n'impose – reflètent cependant l'existence d'impératifs sociaux assimilés.*

■■■ **3.** Repérez, en les soulignant, les idées qui vous paraissent essentielles dans le deuxième paragraphe du texte.

■■■ **4.** Voici une reformulation des idées du deuxième paragraphe. Toutes les idées essentielles vous paraissent-elles avoir été rendues ?

– *Il y a des jeux dans toute société. Ils reposent souvent sur le hasard.*
– *Les jeux télévisés comportent les mêmes composantes.*
– *Ceux qui jouent gagnent ou perdent selon le hasard.*

■■■ **5.** La succession des phrases suivantes vous semble-t-elle rendre les idées essentielles du troisième paragraphe ?

– *Le sport n'est pas tout à fait indépendant du hasard.*
– *Il permet de mettre en œuvre des qualités qui ont disparu.*
– *Certains sports se pratiquent de façon très limitée.*

Si votre réponse est négative, retrouvez les idées qui ont été oubliées.

2. Reformuler

Voici, pour plusieurs mots du texte, une série de synonymes. Déterminez ceux qui s'adaptent au contexte.

Intériorisé : *contenu, gardé, intégré, adapté, assimilé, conscient.*
Coutume : *usage, habitude, droit, règle, tradition.*
Combinaison : *assemblage, calcul, projet, agencement, vêtement, mesure.*
Hiérarchie : *classement, organisation, échelle.*
Expansion : *développement, mouvement.*
Exalté : *passionné, surexcité, enthousiasmé, glorifié, célébré.*

3. Résumer

Vérifiez vos réponses, et, à l'aide des solutions données dans le corrigé, faites le résumé de ce texte en 110 mots ± 10 %.

T E X T E   2

Lisez attentivement le texte suivant puis répondez aux questions qui permettent de préparer le résumé.

I l y a deux éléments dans l'éducation : l'information et l'initiation. Jusqu'au XVIIIe siècle, l'éducation – essentiellement morale, humaniste et religieuse – donnait le pas à l'initiation sur l'information. Voltaire et Diderot ont dénoncé cette

éducation par trop _désintéressée_[1] et aristocratique. Depuis, la part initiatique de
5 l'éducation ne cesse de reculer. On a abandonné le grec et le latin. La littérature
est considérée comme un ornement inutile. L'histoire et la géographie menacent
d'être reléguées à leur tour. Il ne s'agit plus que de fournir à l'enfant des
connaissances qui lui serviront dans la vie, c'est-à-dire qui l'asserviront à la
fonction qu'on lui assignera. On veut fabriquer un instrument utile au corps social.
10 C'est doublement _aberrant_[1]. D'abord parce qu'il n'y a pas de véritable éducation
sans une part totalement inutile, invendable, irrécupérable. Cet absolu doit être
particulièrement préservé chez l'enfant qui est destiné à des tâches répétitives. Je
pense que l'enseignement du grec, du latin et de la poésie française sont plus
urgents chez les enfants destinés à devenir grutiers ou garçons bouchers que chez
15 ceux à qui on prépare une carrière d'avocat ou de médecin.

Ensuite, il y a bon nombre de professions – les plus brillantes peut-être – pour
lesquelles les exercices mathématiques sont non seulement inutiles mais sans doute
néfastes. Toutes celles qui reposent sur la recherche d'une certaine qualité et non
sur la manipulation de symboles quantitatifs abstraits. La radio, la télévision, la
20 presse, la publicité, l'édition, les industries textiles, le droit, la diplomatie, les
échanges commerciaux, toutes les carrières politiques, je cite pêle-mêle, eh bien !
ces professions sont résolument anti-mathématiques. Il y a cependant des professions où une base scientifique est indispensable, mais où elle doit être dominée par
autre chose qui n'est pas scientifique, et l'équilibre est très difficile à obtenir,
25 comme par exemple la médecine et l'architecture.

On tremble en pensant aux ravages que provoquerait un juge qui n'aurait de
culture que mathématique ou un médecin qui ne connaîtrait que la biologie. Non,
le fétichisme des mathématiques et des sciences physiques tel qu'il est pratiqué
actuellement dans notre enseignement est une aberration. Si les enfants ne lui
30 opposaient pas une résistance instinctive et massive, on verrait sortir des écoles et
des universités des masses uniformisées de petits Diafoirus polytechniciens aussi
inutilisables que les Diafoirus jargonnant le latin de cuisine de Molière.

M. Tournier, Entretien publié dans _Le Monde_ du 8 octobre 1978.

1. Repérer les idées essentielles

La succession des phrases suivantes rend-elle les idées essentielles du
texte ? Si certains éléments ont été oubliés, retrouvez-les et replacez-les dans la
succession et à l'intérieur des phrases proposées.

– _Sous l'Ancien Régime, l'éducation était essentiellement initiatique._

– _Depuis le XVIIIe siècle, les disciplines littéraires et les sciences humaines sont
laissées de côté._

1. Termes à expliquer dans leur sens contextuel.

– Ce projet est incohérent.
– Toute éducation comporte une part gratuite.
– Beaucoup de métiers se passent très bien des sciences.
– Heureusement on observe de violents refus de la part des élèves.

2. Reformuler

1. Par quels termes pourrait-on remplacer les groupes suivants :

– le grec, le latin, la littérature, l'histoire et la géographie ;

– la radio, la télévision, la presse, la publicité, l'édition, les industries textiles, le droit, la diplomatie, les échanges commerciaux, toutes les carrières politiques.

2. Trouvez une formule pour reprendre l'idée de la première phrase.

3. Voici le résumé du premier paragraphe : complétez les blancs par des mots qui conviennent en vous efforçant de ne pas reprendre ceux du texte :

*Toute .... est informative et .... Sous l'Ancien Régime, l'.......
.... dominait. Sa contestation par certains philosophes fait qu'actuellement elle
.... constamment, rejetant les .... au profit des sciences exactes.
C'est une .... erreur. .... une éducation authentique comporte des
éléments .... dont ont besoin ceux qui travaillent manuellement.*

3. Résumer

En utilisant les réponses, vérifiées, des questions précédentes, terminez le résumé de ce texte pour obtenir un résumé total de 105 mots ± 10 %.

T E X T E   3

Lisez attentivement le texte suivant puis répondez aux questions qui permettent de préparer le résumé.

L a civilisation commence avec la construction de la première hutte, avec le labour du premier champ. Elle a besoin de fixité. Elle ne naît pas dans le camp volant du nomade qui plante sa tente où il veut et qui la plie le lendemain. Celui-ci est condamné à ne posséder que les biens meubles qu'il entasse à la hâte
5 *sur le dos de quelques bêtes. Il s'en contente et, poussant devant soi son troupeau vers des prairies neuves, il part toujours sans rien abandonner.*

Gengis Khan, qui hait la civilisation et qui, avant Rousseau, l'accuse de tous les maux, se montre conséquent avec lui-même quand il donne pour consigne à ses hordes la destruction des villes, afin de rendre par force l'humanité à ce vagabon-

dage ancestral, qui seul, selon lui, la maintient saine et vigoureuse. Les cités furent
les plus fortes. Elles retinrent les cavaliers mongols dans les palais corrupteurs
qu'ils devaient abattre. L'irréversible histoire suivit son cours. (...)

Aujourd'hui, plus que jamais, la civilisation est urbaine. Elle l'est jusqu'à
l'asphyxie. Dans les fourmilières où se pressent, se gênent, s'écrasent des
multitudes accrues, l'homme finit par être privé de l'espace et de l'indépendance
nécessaires à la moindre joie. Les aménagements qui rendent la vie plus sûre, plus
commode et plus agréable deviennent de plus en plus nombreux et complexes,
c'est-à-dire moins sûrs, moins commodes et plus impérieux. Une panne d'ascenseur
rend un gratte-ciel inutilisable. Une centrale électrique est-elle accidentée, c'est la
catastrophe pour une métropole entière : paralysie, obscurité et affolement.
Chesterton, depuis longtemps, a fait remarquer combien un canif était plus utile
qu'un taille-crayon. Je ne vitupère pas le machinisme, n'étant pas de ceux qui,
riches, expliquent aux pauvres que l'argent ne fait pas le bonheur. Je rappelle
seulement que la civilisation industrielle entraîne avec elle ses inconvénients.

En même temps, l'éducation, la publicité, les divers moyens d'information et de
persuasion dont disposent les pouvoirs pénètrent l'intimité même de l'individu, lui
dictent ses raisonnements et ses goûts. Aussi risque-t-il de voir diminuer sans cesse
la marge consentie à ses mouvements, à ses fantaisies, à ses ambitions et jusqu'à
ses vertus. Le monde citadin est un monde mécanique. Des machines elles-mêmes
construites en série produisent d'énormes quantités d'éléments interchangeables
entre eux, au format et aux propriétés calculés d'avance pour s'adapter au calibre
et à la formule d'éléments complémentaires pareillement débités pour satisfaire
aux besoins du plus grand nombre possible d'usagers. A long terme, rien de viable
qui ne doive d'abord avoir été normalisé ou qui ne le devienne obligatoirement :
système des mesures, écartement des rails ou format des enveloppes.

Il y a là un péril insidieux pour le désir, pour l'idée et pour les réflexes mêmes
de liberté. Ce n'est pas seulement la contrainte qui rend esclave, ce peut être le
manque de place, d'envie, de choix et d'imagination.

Roger CAILLOIS.

1. Repérer les idées essentielles

Parmi les reformulations suivantes, dites quelle est celle qui, pour chaque
paragraphe, paraît rendre le plus exactement l'essentiel des idées exprimées dans
le texte.

1er § **1.** *La première cabane ne se trouve pas chez les nomades qui ne possèdent que
des biens transportables à dos de chameau.*

2. *La première habitation fixe marque la sédentarisation, différente de la vie
du nomade, toujours en voyage.*

3. *Avec la sédentarité naît la civilisation, incompatible avec l'errance du
nomade, possesseur seulement de biens transportables.*

2e § **1.** *Comme Rousseau, Gengis Khan déteste la civilisation et la détruit, mais la civilisation résiste et domine.*
2. *Antique vagabond, Gengis Khan ne peut supporter l'existence des villes.*
3. *Par haine de la civilisation, Gengis Khan détruisait les cités. Mais celles-ci vinrent à bout de ses cavaliers. L'histoire continua...*

3e § **1.** *Actuellement la civilisation connaît les pannes, les calamités, les échecs. L'industrialisation n'est pas sans dangers.*
2. *Dans les villes, la vie est plus facile mais personne n'est à l'abri des méfaits du progrès.*
3. *Actuellement, la civilisation est urbanisée à l'excès. Surpeuplées, les villes détruisent l'autonomie des êtres, même si le progrès facilite la vie. Sans critiquer l'industrialisation, j'en signale les effets pervers.*

4e § **1.** *La publicité nous assaille. La production mécanique est faite pour la masse et tout se trouve construit selon des normes qu'il faut impérativement respecter.*
2. *Parallèlement, les médias et l'éducation emprisonnent l'individu jusqu'à dominer ses pensées et ses jugements. Il est moins autonome. Le machinisme impose des normes dans tous les domaines.*
3. *L'être humain ne peut plus être fantaisiste. Submergé par une énorme production industrielle, il doit s'adapter à tous les calibres imposés.*

5e § **1.** *La situation est dangereuse puisqu'elle rend esclave.*
2. *Il n'y a plus de place pour les envies ni pour l'imagination.*
3. *On peut redouter non seulement la disparition de la liberté mais aussi celle de l'imagination créatrice et de tous les souhaits.*

La juxtaposition de toutes les formulations exactes conduit-elle au résumé du texte ?

T E X T E   4

Lisez attentivement le texte suivant puis répondez aux questions qui permettent de préparer le résumé.

L a fréquence des images de violence au cinéma et sur les écrans de télévision encourage les accès de violence intempestifs et, en même temps, augmente la peur de la violence, sans aider le spectateur à comprendre sa nature. Nous avons besoin d'apprendre comment nous pourrions adopter des mesures qui nous
5 *permettraient de contenir et de contrôler l'énergie nécessaire à la violence pour l'orienter vers des fins plus constructives. Comme je l'ai dit plus haut, ce qui manque à nos systèmes éducatifs et à nos mass media, c'est l'enseignement et la*

promotion de « *modes satisfaisants de comportement* » en ce qui concerne la violence.

Mais ce qui est important, ce sont les tendances délinquantes et violentes qui existent en nous et non pas leur expression dans les bandes dessinées, les films ou à la télévision, ni la question de savoir si les mass media alimentent ces tendances et rendent leur contrôle plus difficile. Le comportement des enfants et des adolescents, en ce qui concerne la violence, ne fait que refléter le modèle présenté par les adultes. Si ceux-ci n'aimaient pas voir les images violentes, les media n'en offriraient pas avec une telle insistance une si grande variété, et les enfants et les adolescents auraient infiniment moins d'occasions d'en voir et de se laisser influencer par elles.

L'ignorance ne peut pas être un moyen de protection, surtout en matière de violence. J'ai essayé de montrer ailleurs que l'ignorance de la nature de la violence, par exemple sous le régime nazi, ne menait pas au bonheur, mais à la mort. Ceux qui, sous le règne de Hitler, et malgré la persécution nazie, voulaient croire à tout prix que tous les hommes sont bons, et que la violence n'existe que chez de rares pervers, n'ont pas pu se protéger avec efficacité et beaucoup n'ont pas tardé à trouver la mort. La violence existe, c'est certain, et nous l'avons tous en nous en puissance à notre naissance. Mais nous naissons aussi avec des tendances opposées que nous devons soigneusement entretenir si nous voulons contrebalancer celles qui nous poussent à agir d'une façon destructive. Mais, pour cela, il faut que nous connaissions la nature de l'ennemi, et ce n'est pas en niant son existence que nous y parviendrons.

En affirmant qu'il n'y a pas ou qu'il ne doit pas y avoir place pour la violence dans notre nature affective, nous évitons de chercher les moyens éducatifs qui permettraient de contrôler les tendances violentes ; nous essayons, de cette façon, d'obliger chaque individu à refouler ses pulsions agressives[1], puisque nous ne lui avons pas appris à les contrôler et à les neutraliser et que nous ne lui avons pas donné de moyens d'expression de remplacement dans le cadre de la société. C'est pourquoi tant de gens sont disposés à trouver tout au moins une satisfaction imaginative de leurs tendances violentes dans les spectacles violents fournis par les mass media.

Bruno BETTELHEIM, *Survivre*, 1979.

1. Repérer les idées essentielles

▬▬ La succession des phrases suivantes rend-elle compte de la totalité et du contenu exact des idées essentielles du texte ?

a – *Il est nécessaire d'apprendre à mieux utiliser la force que demande la violence mais aucune institution ne le fait.*

1. Expression à expliquer dans son sens contextuel (solution p. 93).

b – *L'expression de la violence dans les médias est plus importante que l'existence en nous de pulsions violentes.*

c – *Les adultes sont le reflet des comportements des enfants. C'est pour cela qu'ils aiment la violence.*

d – *La violence est indéniable. Nous l'avons en nous et il n'est pas possible d'en contrebalancer la force.*

e – *En niant l'existence de la violence, nous nous dispensons de chercher des remèdes.*

f – *Gardant en eux leur violence, les gens trouvent un exutoire dans les spectacles que donnent les médias.*

2. Reformuler une partie du texte

1. Voici un résumé des deux premiers paragraphes du texte. Il comporte des erreurs. A vous de les trouver et de les corriger.

L a violence souvent représentée dans les médias suscite des crises et ne permet pas au spectateur de comprendre. Il nous faudrait apprendre à contrôler l'énergie que nécessite la violence et la conduire à des objectifs plus efficaces. Notre éducation n'offre aucun enseignement en ce qui concerne la violence. Mais
5 *ce qui importe le plus est la délinquance et non pas les bandes dessinées. Les enfants et les adolescents constituent un modèle. Ils aiment la violence parce que leurs parents l'aiment aussi et se laissent influencer par elle.*

2. Après avoir identifié les erreurs, résumez ces deux paragraphes en 90 mots maximum.

3. Voici des termes synonymes de certains mots importants du texte. Dans chaque série repérez celui ou ceux qui sont adaptés au contexte.

- **Fréquence :** *répétition, multiplicité, vibrations*
- **Fins :** *extrémités, bouts, objectifs, dénouements, épilogues, buts, résultats*
- **Tendance :** *penchant, orientation, disposition, fraction politique*
- **Refouler :** *repousser, faire reculer, réprimer, reconduire*
- **Pulsion :** *élan, force, mouvement, instinct*
- **Neutraliser :** *arrêter, annihiler, équilibrer, annuler, diminuer*
- **Satisfaction :** *contentement, plaisir, réparation.*

3. Résumer

Après avoir vérifié les réponses aux questions précédentes, faites le résumé de la totalité du texte en 150 mots ± 10 %.

Lisez attentivement ce texte, puis répondez aux questions permettant de préparer le résumé.

*A*ujourd'hui, nous sommes entrés dans l'époque de la culture de masse, de la *culture présente dans tous les foyers grâce à la télévision et à l'audiovisuel individuel. Mais si ces appareils sont porteurs de création, s'ils ont enrichi notre patrimoine de films de cinéma et de télévision qui n'ont rien à envier aux*
5 *chefs-d'œuvre des autres arts, ils sont avant tout des moyens de diffusion ; cela signifie que, pour l'essentiel, les sources de la culture sont ailleurs qu'en eux : dans les sciences, dans la littérature, dans les arts, dans l'Histoire, pour l'exploration de la condition humaine, et dans la vie sociale, pour l'ensemble des pratiques culturelles. La culture étant l'effort de l'homme pour comprendre le monde et*
10 *s'adapter à lui, l'audiovisuel est le témoignage offert à tous de cet effort. Mais cette offre ne constitue pas à elle seule un accès à la culture : elle est un pas de géant qui ne débouche sur rien s'il n'y a pas apprentissage préalable ou concomitant. C'est la raison pour laquelle il faut se résigner à accepter le fait que la télévision par elle-même ne changera jamais dans des proportions importantes le*
15 *niveau de culture des téléspectateurs. Son effet est quantitatif : elle permet une plus large information à tous les niveaux de culture, elle démultiplie à l'échelle d'un peuple entier cette information diversifiée. Mais elle ne saurait avoir seule l'effet qualitatif qui ferait passer d'un niveau de culture à un autre. Précisément parce que l'apprentissage préalable est indispensable et qu'il se pratique ailleurs que devant*
20 *l'écran familial. L'audiovisuel est un merveilleux instrument d'appoint, d'illustration, de commentaire, parce que l'image est présence, parce qu'elle parle aux sens et à l'imagination. Mais elle doit être déchiffrée. Sa signification lui est donnée par un savoir qui vient d'ailleurs. Celui que nous possédons déjà en nous-mêmes, ou celui qui nous est communiqué par une voix extérieure à l'image.*
25 *De là vient que la télévision est toujours contestée. Elle nous enferme, en effet, dans une* alternative[1]. *Ou bien elle s'adapte au niveau moyen, évalué par sondage, d'un public massif, mais alors elle renonce ouvertement à être un instrument de progrès et elle engendre la frustration dans la partie de la nation la plus cultivée. Ou bien la télévision choisit de satisfaire les goûts de l'élite : la frustration cette*
30 *fois s'installe chez ceux qui ressentent leur insuffisance et le dédain dans lequel on les tient. Le bon sens commande donc une solution de compromis et que l'on bâtisse des programmes diversifiés pour des publics différents. Mais, quelle que soit la formule adoptée, on observera qu'elle agit comme un révélateur : elle renvoie toujours à une réalité qui se situe en dehors et au-delà de la télévision, et cette*
35 *réalité n'est autre que le niveau de culture du téléspectateur.*

1. Mot à expliquer dans son contexte (solution p. 93).

L'avènement de l'audiovisuel ne change donc rien au fait qu'aujourd'hui comme hier nous nous trouvons confrontés au problème éternel de la formation des hommes, c'est-à-dire de l'acquisition d'une culture.

G. MONTASSIER, *Le fait culturel*, 1980.

1. Repérer les idées essentielles

■■■ La succession des idées suivantes vous semble-t-elle rendre la totalité des idées essentielles du texte ?

– *Ces instruments sont des vecteurs, non des créateurs de culture, celle-ci prenant naissance ailleurs, dans les arts, les Lettres, la vie.*

– *La diffusion culturelle ne sert à rien sans préparation initiale.*

– *C'est pourquoi la télévision a, culturellement, une influence qui porte sur la quantité, non sur la qualité : elle ne peut faire accéder à une culture plus riche.*

– *L'image est un instrument efficace.*

– *La télévision n'a en effet que deux solutions : ou bien un nivellement moyen qui prive l'élite, ou bien un choix élitiste, qui déçoit et humilie le public.*

– *Mais, dans les deux cas, la télévision fait référence à une culture.*

– *C'est pourquoi la télévision ne permet pas de résoudre le problème de l'accès à la culture.*

Si certaines idées ont été oubliées, signalez-les et indiquez leur place dans la succession.

2. Reformuler

■■■ **1.** Dans la définition officielle du résumé, il est fait allusion à des *mots clés* qu'on ne peut remplacer. Ce texte en offre quelques exemples. Quels sont ces mots, difficilement remplaçables par de *mauvais équivalents* ?

■■■ **2.** Voici, pour certains mots du texte, plusieurs équivalents. Déterminez celui ou ceux qui, dans chaque série, sont adaptés au contexte.

– **Apprentissage :** *formation, entraînement, méthode, expérimentation.*
– **Effet :** *résultat, phénomène, vêtement, conséquence.*
– **Appoint :** *complément, aide, supplément.*
– **Compromis :** *convention, accord, pacte, arrangement, aménagement.*
– **Contestée :** *critiquée, refusée, discutée.*
– **Avènement :** *élévation, arrivée, venue.*

■■■ Voici trois résumés proposés pour les paragraphes 2 et 3. Ils comportent tous des erreurs. A vous de les trouver et de les corriger.

Résumé 1

Ainsi la télévision accepte un nivellement qui provoque une contestation du public cultivé. Il arrive aussi que le public moyen soit déçu. Où se trouve la solution ? On se rend compte qu'il s'agit toujours de culture et on ne sait pas comment la développer chez les êtres humains.

Résumé 2

La télévision est contestée parce qu'elle offre une alternative : adaptation à un niveau moyen entravant toute évolution ou bien élitisme ayant pour conséquence la frustration des moins cultivés. Il faut donc trouver un compromis avec des programmes convenant à des publics différents. Mais le problème de la culture
5 *reste entier.*

Résumé 3

C'est pourquoi la télévision s'adapte soit au public cultivé soit au public populaire, occasionnant des frustrations chez l'un et chez l'autre. Il faudrait trouver une solution mais le problème se situe en dehors et au-delà de la télévision.

3. Résumer

Après avoir vérifié les réponses aux questions précédentes, résumez le texte en 140 mots ± 10 %.

MÉTHODE

■ Vouloir remplacer les mots du texte par des synonymes comporte des risques. Vérifiez que le mot choisi **s'adapte au contexte**.

■ Certains **mots clés** des textes ne peuvent pas être remplacés par des équivalents : *livre, télévision, liberté, démocratie, violence, culture, civilisation, société de masse...*
Vous ne pouvez éviter de les reprendre et il vaut mieux les employer que de chercher de « mauvais équivalents » risquant de fausser le texte.

---

3. Qu'appelle-t-on système de l'énonciation ?

Rappel

Le **système de l'énonciation** est l'ensemble des indices (*pronoms personnels, verbes d'affirmation* ou *de jugement...*) qui permettent de comprendre :
– qui **parle**,
– qui **prend à son compte** les opinions ou les jugements prononcés,
– qui est le **destinataire** du message.

Ne pas savoir identifier le système de l'énonciation conduit à des contresens faussant la signification du texte.

exemple

Voici trois courts textes : lisez-les attentivement et répondez ensuite aux questions posées (les réponses sont données juste après).

TEXTE 1

*L*es hommes de notre époque prétendent (...) accroître leur « bien-être » ; nous pensons, pour notre part, que le but qu'ils se proposent ainsi, même s'il était atteint réellement, ne vaut pas qu'on y consacre tant d'efforts ; mais, de plus, il nous semble très contestable qu'il soit atteint. Tout d'abord, il faudrait tenir
5 compte du fait que tous les hommes n'ont pas les mêmes goûts ni les mêmes besoins, qu'il en est encore malgré tout qui voudraient échapper à l'agitation moderne, à la folie de la vitesse, et qui ne le peuvent plus.

R. Guénon, La crise du monde moderne, 1946.

1. Quelle modification de personne observe-t-on de la ligne 1 à la ligne 2 ? Le résumé devra-t-il respecter cette modification ?

2. Quels éléments soulignent une opposition entre deux points de vue ?

T E X T E 2

Jusqu'à présent, la télévision, la radio, les journaux se sont contentés de nous définir la télématique comme le « mariage de la télévision, de l'ordinateur et du téléphone ». On nous explique le fonctionnement et on nous chante les louanges de cette merveilleuse invention. Quelle joie que d'être en mesure de se renseigner
5 *sur les horaires des trains, réserver ses places de théâtre, obtenir le numéro d'un abonné, passer ses commandes auprès des magasins de vente par correspondance, sans avoir à se déplacer, en évitant les lignes encombrées et les mille et une tracasserie inutiles de la vie quotidienne ! Quel gain de temps !*

C. ZYLBERBERG, *Le Monde*, 25 septembre 1979.

■■■ **1.** Quels sont les auteurs de l'expression *mariage de la télévision, de l'ordinateur et du téléphone* ? Quel pronom personnel regroupe les auteurs de cette définition ?

■■■ **2.** Quel pronom personnel désigne l'auteur du texte ?

■■■ **3.** Qui est à l'origine de la présentation très élogieuse de la télématique ?

T E X T E 3

Freud disait que la fête est un « excès permis ». Cette permission, on le voit, est fondée sur l'évocation du processus formateur originel qui, précisément, y mit fin. Roger Caillois, qui a, plus que tout autre, insisté sur cet aspect de la fête, le rattache au « sacré de transgression ». Il l'explique par la nécessité, apparue aux
5 *primitifs, de régénérer périodiquement l'ordre naturel et social, usé chaque année par le temps profane. Pour cela, on consolide et rénove les règles en remontant à leur source, en jouant, en mimant l'avènement de l'ordre après le tohu-bohu.*

Dans le carnaval d'aujourd'hui, cette référence à la période formatrice du monde semble bien avoir disparu. Pourtant, on y perçoit très bien la mise entre parenthè-
10 *ses du temps de la fête qui n'est pas et ne doit pas être vécu comme le temps proprement terrestre. Le sacré n'est plus visiblement évoqué, mais on n'est pas tout à fait dans le cycle profane.*

J. CAZENEUVE, *La vie dans la société moderne.*

■■■ **1.** A qui appartient l'idée que la fête est un *excès permis* ? A l'auteur du texte ? A un autre auteur ? Ce dernier est-il cité ?

■■■ **2.** A qui appartient la deuxième expression entre guillemets du texte ? Jusqu'où va l'exposé de son point de vue ?

■■■ **3.** A quel moment du texte l'auteur donne-t-il une opinion (la sienne) différente de celle de Freud ou de R. Caillois ?

Réponses

T E X T E   1

■■■ 1. On passe de la troisième personne *(les hommes de notre époque)* à la première *(nous)*. Ce changement doit être respecté parce qu'il exprime deux points de vue différents.

■■■ 2. L'opposition est soulignée par l'emploi du verbe *prétendre* : le choix de ce verbe souligne que l'auteur rapporte un point de vue qu'il ne partage sans doute pas.

T E X T E   2

■■■ 1. L'expression *mariage de la télévision, de l'ordinateur et du téléphone* a pour auteur les médias, repris globalement par *on*.

■■■ 2. L'auteur du texte est désigné par le pronom personnel *nous*, ce qui souligne qu'il s'inclut à un groupe opposé au précédent.

■■■ 3. La présentation très élogieuse de la télématique est faite par *on*, qui représente les médias et non l'auteur du texte.

T E X T E   3

■■■ 1. *L'excès permis* est une expression qui appartient à Freud.

■■■ 2. La deuxième expression entre guillemets appartient à R. Caillois. L'exposé de ses idées va jusqu'au terme *tohu-bohu*.

■■■ 3. Le point de vue de l'auteur est donné à partir de la ligne 8 : *Dans le carnaval d'aujourd'hui...*

RÉCAPITULATION

En vous aidant des réponses données aux questions précédentes, récapitulez et classez par catégories grammaticales les indices qui permettent d'identifier le **système de l'énonciation** d'un texte.

Exercices

Lisez attentivement ce texte, puis répondez aux questions qui permettent de préparer le résumé.

J e ne renoncerais pas facilement à la colère. C'est comme la pipe : je puis m'en passer s'il le faut, mais si j'en perds le goût, c'est que je suis malade. C'est le seul recours, en tout cas, contre l'absurdité, Camus l'avait bien vu. Je ne sais pas comment sans colère j'aurais survécu à vingt-cinq ans de vie universitaire.

5 *J'ai dans un dossier la collection des lettres d'injures ou tout au moins d'invectives que j'ai écrites au cours de ma carrière. Toutes n'ont pas été envoyées à leur destinataire, car je donne toujours à ma colère quarante-huit heures pour cuver[1]. Mais chacune a été le point de départ d'une innovation, d'une réalisation ou tout au moins d'un nouvel épisode dans mes activités. Les étudiants et les*

10 *collègues qui maintenant se servent bourgeoisement de telle ou telle institution, n'ont aucune idée des cris de sauvage et des danses du scalp[1] qui ont présidé à sa création.*

Ce sont là des colères qui ne laissent pas la gueule de bois car elles ne doivent rien à tes drogues. Tu ne les inspires que parce que c'est contre toi qu'elles sont

15 *dirigées et contre la haute administration dont tu es le fonctionnaire. Je ne parle pas spécialement de l'administration française qui n'est que le reflet d'un modèle infiniment plus vaste, universel en fait, puisque c'est celui de la création tout entière. Colère contre le mal, colère contre l'injustice, colère contre la mort. Heureux celui qui trouve un jour la sienne, qui le libère.*

20 *J'ai trouvé la mienne sur la gare de Langon en 1940 quand j'y ai vu flotter le drapeau nazi. Mais tous les jours il y a dans le monde des gens qui voient passer la mort dans l'ombre d'une oppression et en qui jaillit soudain la colère comme un flot irrésistible.*

Tout le problème est de dompter ce flot sans le tarir. La colère incontrôlée entre

25 *vite dans le cycle de l'orgueil et de la violence, où tu as tôt fait de la récupérer à ton service. Ce n'est pas que la violence ne soit quelquefois indispensable. Elle est le langage de la colère, mais comme tous les langages, elle est constamment menacée par la rhétorique.*

R. ESCARPIT, *Lettre ouverte au diable.*

---

1. Mot et expression à expliquer dans leur sens contextuel (solution p. 93-94).

1. Identifier le système de l'énonciation du texte

1. A quelle personne est écrit ce texte ? Repérez tous les emplois du pronom personnel représentatif de cette personne.

2. L'auteur s'adresse-t-il à un interlocuteur ? Où et sous quelle forme ? Avez-vous un moyen de déterminer qui est cet interlocuteur ?

2. Respecter le système de l'énonciation

Vérifiez que le système de l'énonciation est bien respecté dans le résumé du texte qui est donné ici. Dans le cas contraire, effectuez les corrections.

*A*bandonner la colère serait signe de maladie. Elle est un remède à l'absurde, et à la vie d'enseignant. Je conserve mes lettres insultantes, pas toutes postées, mais génératrices, chacune, d'une modification bénéfique. Ces crises ne s'expliquent pas par des produits pharmaceutiques. Elles s'adressent aux institu-
5 tions. Il faut avoir sa colère, qui rend libre. La mienne s'est déclenchée devant un emblème nazi. Quotidiennement, d'autres voient naître la leur. D'après R. Escarpit, la difficulté est de contrôler la colère qui conduit à la violence. Mais la violence qui exprime la colère craint l'éloquence.

3. Résumer

Après avoir vérifié les réponses aux questions précédentes, faites le résumé de ce texte en 100 mots ± 10 %.

T E X T E   2

Voici un autre texte. Lisez-le attentivement, puis répondez aux questions qui permettent de préparer le résumé.

*L*es écrivains, en règle générale, n'aiment pas les critiques ; du moins les critiques qui officient dans les journaux et les revues et se prononcent sur les livres d'aujourd'hui. Un critique qui ne parle pas de vous est impardonnable, car il vous refuse l'existence. Celui qui vous éreinte manifeste par là son incompétence
5 et ne mérite que le mépris. Celui qui vous loue ne fait que son devoir ; encore le fait-il mal, car il ne vous loue jamais autant que vous le méritez ou de la manière qu'il faudrait.

D'ailleurs, qu'est-ce qu'un critique ? Un créateur raté et plein d'aigreur. S'il possédait un vrai talent, il composerait une œuvre personnelle et s'y consacrerait
10 entièrement au lieu de commenter les livres des autres. Les critiques vivent en parasites de la littérature.

On peut penser différemment. Chardonne[1] affirmait que la littérature n'existe que par les critiques, lesquels donnent une chance de vie aux livres qu'ils distinguent. Ils les présentent d'une certaine façon, et leur interprétation est ₁₅ *souvent une création. Paulhan[1] assure de son côté : « Un écrivain est chose fragile ; les meilleurs d'entre eux, plus fragiles encore. Il en est cinq, chaque année, de prêts à s'abîmer dans l'oubli, si quelque bonne poigne critique ne les retient sur le bord. Et l'on en serait vite réduit, faute de cette poigne, à ceux qui s'admirent eux-mêmes suffisamment pour s'imposer. Mais une littérature ne saurait se* ₂₀ *réduire sans dommage à d'Annunzio[2] ou Montherlant. »*

Aimer les livres, ce n'est pas seulement aimer les lire. C'est aimer en parler. Probablement devient-on critique parce qu'on a envie de faire partager ses admirations et mieux encore ses découvertes. On devient critique par enthousiasme. Ainsi personne n'est mieux intentionné, au départ. Comment en arrive-t-on ₂₅ *à écrire des articles méchants sur des ouvrages qu'il serait préférable d'ignorer ? On devrait les passer sous silence parce qu'on les juge mauvais, mais voilà qu'ils obtiennent du succès et que restent dans l'ombre les livres que soi l'on aime. Les mauvais livres nous paraissent alors dangereux parce qu'ils compromettent la belle idée qu'on s'est formée de la littérature. Chaque critique défend sa conception de* ₃₀ *la littérature et doit parfois, pour la défendre, attaquer une conception contraire ou la médiocrité triomphante.*

Nous parlons là d'un critique honnête. En quoi consiste l'honnêteté pour un critique ? A dire clairement ce qu'il pense d'un livre. Cela paraît tout simple et cela demande pourtant une indépendance, un courage et surtout un désintéressement ₃₅ *qui n'ont jamais été très répandus.*

Les critiques se sont toujours vus accusés de plusieurs faiblesses, dont les principales sont la complaisance pour les puissants, les riches ou les camarades, et l'asservissement à une coterie, une religion ou un parti.

Bernard Pivot, dans son livre sur Les Critiques littéraires *(1968), montre* ₄₀ *comment beaucoup de critiques se servent de leur tribune pour améliorer leur situation sociale. On couvrira d'éloges un livre dont l'auteur est en mesure de vous faire obtenir tel ou tel avantage. Par exemple, un jeune critique qui est en même temps romancier entonnera des dithyrambes[3] pour tout livre publié par un membre d'un jury important (et le juré ne soupçonnera pas la flagornerie, car son œuvre* ₄₅ *lui paraîtra mériter tous les éloges, même ceux qui nous semblent si outrés qu'ils en deviennent ridicules).*

J. BRENNER, *Tableau de la vie littéraire en France d'avant-guerre à nos jours.*

---

1. *Chardonne* (1889-1968) : romancier et critique contemporain. *Paulhan* (1884-1968) : critique ; longtemps directeur de la revue *N.R.F.*
2. *D'Annunzio* (1863-1938) : écrivain italien.
3. *Dithyrambes* : chants en l'honneur de Dionysos (Bacchus pour les Romains) ; par extension, poème célébrant quelqu'un ou quelque chose ; puis, éloges exagérés.

1. Repérer le système de l'énonciation du texte

1. Que désigne le *vous* des lignes 3, 4, 5, 6 ?

2. Où commence, dans le texte, le jugement dépréciatif porté sur les critiques ? Où prend-il fin ? A qui appartient ce jugement ?

3. A quel moment observe-t-on l'expression de points de vue différents dans le texte ? Combien y en a-t-il ? A qui appartiennent-ils ? Peut-on donner précisément leur auteur ?

4. A quel moment l'auteur du texte reprend-il le discours à son compte ?

2. Respecter le système de l'énonciation

Voici le résumé des lignes 1-20. Le système de l'énonciation y est-il respecté ? S'il ne l'est pas, récrivez ce résumé en corrigeant les fautes.

*L*es auteurs n'aiment pas les critiques qui présentent les livres dans la presse. Ils leur reprochent de ne pas les citer, de les critiquer, de mal les vanter. Un critique est d'ailleurs un écrivain manqué qui vit de la littérature sans en faire. Pourtant ce sont les critiques qui font vivre la littérature en la révélant.
5 *Grâce à eux, certains auteurs ne sombrent pas et la littérature ne se limite pas à ceux qui surnagent d'eux-mêmes.*

3. Repérer et exprimer les idées essentielles

La succession des phrases suivantes rend-elle compte de la totalité des idées essentielles de la deuxième partie du texte (l. 21 → fin) ?

– *Sans doute devient-on critique par passion des livres et par désir de faire connaître ceux qu'on aime.*

– *Il vaudrait mieux les délaisser, mais certains triomphent tandis que ceux qu'on aime restent ignorés.*

– *Être un critique juste implique des qualités. On leur reproche leur soumission au pouvoir et à l'argent.*

– *B. Pivot explique comment les critiques s'élèvent socialement : ils flattent ceux qui leur sont utiles, les membres d'un jury, qui ne voient pas l'hypocrisie.*

4. Résumer

En utilisant les réponses données aux questions précédentes, faites le résumé de ce texte en 150 mots ± 10 %.

Lisez attentivement le texte suivant, puis répondez aux questions qui permettent de préparer le résumé.

*Q*ue peut représenter, pour un écrivain, l'enseignement de la littérature ? Nous avons tendance à penser qu'il existe deux activités, rigoureusement complémentaires – certains théoriciens, aujourd'hui, prétendent que c'est la même – dont l'unité constitue la littérature : écrire et lire. On ne voit, a priori, aucune
5 nécessité pour que s'introduisent, entre les deux, ces <u>parasites</u>[1] qui s'appellent les critiques, les professeurs et autres gens tout juste bons à faire écran entre l'écrivain et le lecteur. Au mois de mai, l'an dernier, la notion même d'un enseignement de la littérature était fortement contestée ; et cet hiver encore, dans le texte que Sartre a donné à l'Observateur[2], on retrouvait, à propos de Baudelaire, l'idée qu'il
10 est impossible d'expliquer un écrivain. A la limite, la thèse de Sartre portait condamnation de tout commentaire sous quelque forme qu'il se présente. Après tout, n'est-il pas normal de laisser les écrivains et les lecteurs face à face ? Ont-ils vraiment besoin d'un intermédiaire pour s'atteindre ?

Je crois cette idée fausse, pour deux raisons : l'une de caractère général, l'autre
15 liée à la conception actuelle de la littérature. D'abord, on en revient par là au principe d'une communication directe, immédiate entre l'auteur et le lecteur, l'écrivain inspiré trouvant spontanément les mots qui sauront toucher son public. Or, nous le savons bien aujourd'hui [...] la communication ne se fait pas toute seule. Elle suppose un certain nombre de <u>médiations</u>[2]. Un écrivain ne tombe pas
20 du ciel : il écrit à une certaine époque, dans un certain milieu, pour un certain public. Il est soumis à un conditionnement sociologique, économique, idéologique. En même temps, un écrivain vient après et à côté d'autres écrivains, les livres se répondent les uns aux autres à l'intérieur d'une histoire propre de la littérature qui s'ajoute à l'histoire tout court et qu'il est indispensable de connaître si l'on veut
25 pénétrer complètement une œuvre littéraire. Dégager ces médiations, situer une œuvre par rapport à toutes ses coordonnées, – ce qui ne veut pas dire, bien entendu, restaurer la vieille critique des « sources », – telle me paraît être la justification générale d'un enseignement de la littérature.

J'ajouterai une raison circonstancielle. Depuis un demi-siècle, la littérature est
30 devenue de plus en plus consciente d'elle-même. Elle est critique en même temps que création, – critique de ses propres mécanismes, « roman du roman » –, comme on l'a dit souvent. Cette littérature de recherche, au sens où l'on parle d'une recherche scientifique, est, par définition, d'accès difficile. Il faut, non seulement pour l'apprécier, mais pour en percevoir le sens, les intentions, une certaine
35 préparation culturelle. Il est frappant, et assez inquiétant, de voir que la plupart des étudiants l'ignorent. Les enquêtes faites à l'occasion des événements de mai 1968 ont montré qu'ils en restaient généralement à Sartre, Camus, Saint-Exupéry. Peut-être s'intéresseraient-ils davantage aux recherches des écrivains actuels si

l'on développait, à leur intention, une pédagogie de la lecture, adaptée aux
40 *ambitions nouvelles de la littérature, et qui reste d'ailleurs à définir. En tout cas,*
les écrivains eux-mêmes ont le plus grand besoin qu'un enseignement de ce genre
les aide à retrouver le <u>chemin du public</u>. Sinon, leur activité risque de se dérouler
de plus en plus en vase clos ; ils écriront de plus en plus pour des écrivains. Or on
peut concevoir qu'un savant travaille pour d'autres savants. Mais le propre de la
45 *littérature, à travers toutes les médiations que j'ai évoquées, est de s'adresser à*
n'importe qui. Elle n'est rien si elle n'est, au bout du compte, communication.

B. Pingaud, *L'enseignement de la littérature.*

1. Repérer le système de l'énonciation du texte

1. Dans le premier paragraphe, les points de vue sont attribués à *nous*
(l. 1), *certains théoriciens* (l. 3), *on* (l. 4). Dans lequel de ces trois groupes s'inclut
l'auteur du texte ? Justifiez votre réponse en tenant compte d'éléments figurant
dans les deux paragraphes suivants.

2. A quels moments l'auteur intervient-il personnellement ? A quoi le
voit-on ?

3. Repérez dans l'ensemble du texte les pronoms personnels représentatifs du système de l'énonciation. Précisez à chaque fois si l'auteur s'y trouve
inclus.

2. Respecter le système de l'énonciation

Voici le résumé des deux premiers paragraphes du texte. Le système de
l'énonciation y est-il respecté ?

L a littérature est faite de deux éléments complémentaires, voire semblables :
l'écriture et la lecture. Entre eux, il n'est nul besoin d'intermédiaires comme
les enseignants. En mai dernier, on critiquait l'idée que la littérature puisse être
enseignée. Plus récemment, Sartre affirmait l'impossibilité d'expliquer un texte.
5 *C'est une conception fausse. Elle implique l'idée d'un auteur trouvant par inspira-*
tion comment atteindre ses lecteurs. Or un auteur s'intègre à un milieu socio-
culturel, s'inscrit dans une continuité historique et littéraire. Analyser cette
appartenance justifie que l'on apprenne la littérature.

1. Mots à expliquer dans son contexte (solution p. 93-94).
2. Titre d'un hebdomadaire. Aujourd'hui, *Le Nouvel Observateur.*

3. Repérer les idées essentielles

Voici le résumé du troisième paragraphe. Il est correct dans sa reformulation, mais comporte des oublis. Repérez les passages essentiels qui ont été oubliés.

Il y a selon moi une autre justification. Cette littérature qui explore est peu accessible et nécessite des bases culturelles. Ils se tourneraient plus vers les auteurs contemporains avec une initiation à la lecture de ces textes. Les auteurs écriront pour des spécialistes et la littérature manquera son but : favoriser la communication entre tous.

4. Résumer

Vérifiez les réponses aux différentes questions et en utilisant ces réponses faites le résumé du texte en 150 mots ± 10 %.

T E X T E   4

Lisez attentivement cet autre texte, puis répondez aux questions qui permettent de préparer le résumé.

On est porté à penser que, si les rues de nos villes étaient sales au XIXe siècle, elles devaient avoir été six cents fois plus sales six cents ans auparavant. Combien d'étudiants croient de bonne foi que ce qui s'est passé au XIXe siècle, par exemple le travail des enfants dans les usines, avait toujours existé et que seuls la
5 *lutte des classes et le syndicalisme à la fin du XIXe siècle ont débarrassé l'humanité de cette tare ! Combien de militantes de mouvements féministes pensent de bonne foi que la femme a toujours été confinée dans un gynécée[1] au moins moral, et que seuls les progrès de notre XXe siècle lui ont accordé quelque liberté d'expression, de travail, de vie personnelle ! Pour l'historien, le progrès général ne fait pas de*
10 *doute : mais non moins le fait qu'il ne s'agit jamais de progrès continu, uniforme, déterminé. Que l'humanité avance sur certains points, recule sur d'autres, et cela d'autant plus aisément que tel élan qui fait l'effet d'un progrès à un moment donné fera, par la suite, l'effet d'une régression. Au XVIe siècle, on n'a nullement douté que l'humanité ne fût en progrès, et notamment du point de vue économique ; fort*
15 *peu de gens ont pris conscience de ce que, comme le clamaient Las Casas[2] et quelques autres frères dominicains du Nouveau Monde, ce progrès économique se faisait en rétablissant l'esclavage par un gigantesque mouvement de réaction et que, par conséquent, un pas en avant ici peut se payer d'un recul ailleurs. L'humanité progresse indiscutablement, mais pas uniformément ni partout.*
20 *Enfin, en dehors même des questions d'éducation où son rôle devrait être capital, où elle devrait même servir de cadre à tout enseignement, il y a un profit*

général de l'Histoire. Loin de nous l'idée d'un éternel recommencement, et même de comparaisons forcément factices, subjectives et arbitraires entre telle époque et telle autre ; plus loin encore l'idée que l'Histoire puisse apporter une solution aux
25 problèmes du jour : si l'on peut tirer une conclusion de l'étude de l'Histoire, c'est au contraire que la solution de la veille n'est jamais celle du jour. Le pèlerinage en armes que nous appelons croisade était bel et bien, qu'on le veuille ou non, la solution indispensable à la fin du XIᵉ siècle pour venir au secours des Lieux Saints et du Proche-Orient en général mais déjà ce n'était plus la même solution qui
30 s'imposait au début du XIIIᵉ siècle et moins encore à la fin de ce même XIIIᵉ siècle, et il est saisissant de constater qu'aucune attention n'a été prêtée par les puissances d'alors à un Ramon Lull[3] qui indiquait, lui, la solution du jour, quand, en Occident, les papes, les empereurs, les rois reprenaient inlassablement la solution de la veille. Mais ne se trouve-t-on pas beaucoup plus à l'aise pour formuler semblables
35 jugements lorsqu'on bénéficie du recul du temps ?...

L'histoire ne fournit pas de solution, mais elle permet – et permet seule – de poser correctement les problèmes. Or chacun sait qu'un problème correctement posé est déjà à demi résolu. Elle est seule à le permettre parce que seule elle autorise l'inventaire d'une situation donnée ; seule elle fournit les éléments d'où
40 résulte cette situation. Pas de connaissance véritable sans recours à l'Histoire. Et c'est vrai partout où l'homme, la vie de l'homme sont en cause. Un corps vivant, on ne le connaît que par son histoire. En négligeant la formation du sens histo-rique, en oubliant que l'Histoire est la mémoire des peuples, l'enseignement forme des amnésiques[4]. On reproche parfois de nos jours aux écoles, aux universités, de
45 former des irresponsables, en privilégiant l'intellect au détriment de la sensibilité et du caractère. Mais il est grave aussi de faire des amnésiques. Pas plus que l'irresponsable, l'amnésique n'est une personne à part entière ; ni l'un ni l'autre ne jouissent de ce plein exercice de leurs facultés qui seul permet à l'homme, sans danger pour lui-même et pour ses semblables, une vraie liberté.

R. PERNOUD, *Pour en finir avec le Moyen Age.*

1. *Gynécée* : dans l'Antiquité grecque, appartement réservé aux femmes.
2. *Las Casas* : prêtre et dominicain espagnol (1474-1566). Aux Antilles et en Amérique espagnole, il prit la défense des Indiens, fut à l'origine des « nouvelles lois » visant à une colonisation plus humaine et dénonça les atrocités commises par les Espagnols.
3. *R. Lull* : théologien, philosophe, poète et alchimiste catalan (1235-1315). Il avait préconisé un autre type d'expédition en terre d'Islam : avec des médecins, des infirmiers et des prédicateurs s'exprimant dans la langue des « Sarrasins ».

4. Mot à expliquer dans son contexte (solution p. 93).

1. Repérer le système de l'énonciation

A qui faut-il attribuer, dans le texte, les opinions et les affirmations suivantes ?

a – *Ce qui s'est passé au siècle dernier a toujours existé.*
b – *Les femmes ont toujours été gardées dans des gynécées.*
c – *Le progrès général est indubitable.*
d – *Il y a un profit général de l'histoire.*
e – *L'humanité avance dans certains domaines et régresse dans d'autres.*
f – *Le progrès économique s'est fait grâce à l'esclavage.*
g – *Le système éducatif forme des irresponsables.*
h – *Il est grave de faire des amnésiques.*

2. Respecter le système de l'énonciation

Voici le résumé du premier paragraphe. Il comporte des erreurs en ce qui concerne le système de l'énonciation. A vous de les corriger et de retrouver les auteurs des différentes affirmations.

L es caractères d'une époque étaient plus accentués aux époques précédentes. Ainsi beaucoup pensent que l'exploitation des enfants, dénoncée au XIXᵉ siècle, a toujours existé, ou que les femmes n'ont obtenu la liberté qu'au XXᵉ siècle. Le progrès est indubitable, mais il se fait par étapes et ce qui évolue d'un côté 5 *entraîne des régressions de l'autre. L'évolution n'est ni générale, ni régulière.*

3. Repérer les idées essentielles du texte

La succession des phrases suivantes reprend-elle la totalité des idées essentielles du 2ᵉ paragraphe ?

– *L'histoire devrait jouer un rôle essentiel dans l'éducation.*
– *Il ne sert à rien d'établir des comparaisons entre différentes époques.*
– *Les croisades étaient le seul moyen de sauvegarder les Lieux Saints.*

4. Reformuler sans faire d'erreurs

Voici un résumé du troisième paragraphe. Il comporte des erreurs. Repérez-les et corrigez-les.

L'histoire ne résout rien : elle aide à cerner les problèmes, ce qui est beaucoup. Or si on oublie l'histoire – comme le fait l'université – on forme des irresponsables fous et dangereux. La liberté de tous est alors menacée.

5. Résumer

En utilisant les réponses données aux questions précédentes, faites le résumé de ce texte en 180 mots ± 10 %.

MÉTHODE

■ Pour identifier le système de l'énonciation, aidez-vous des **pronoms personnels** et repérez les **verbes** qui suggèrent l'existence de paroles ou de pensées, celles de l'auteur ou celles de quelqu'un d'autre.

■ Soyez attentifs à **l'ironie** : elle se révèle par des effets de décalage et se manifeste lorsque l'auteur affirme le contraire de ses convictions.

4. Comment repérer les articulations logiques d'un texte ?

Rappel

La structure d'un texte est l'**organisation logique** de ses idées. Elle est soulignée souvent par la **division en paragraphes** et par la présence de **mots de liaison** (conjonctions de subordination et de coordination, adverbes).

L'évolution des idées du texte est également marquée par le vocabulaire. On appelle **réseau lexical** l'ensemble des termes se rapportant à la même idée, de manière proche ou plus éloignée.

De la même façon qu'il est important de repérer les idées essentielles et le système de l'énonciation d'un texte, il faut repérer la manière dont s'articulent logiquement les idées et les mots qui les expriment.

Le tableau suivant récapitule les différents mots de liaison, leur nature, leur sens et le lien logique qu'ils soulignent.

	adverbes et conjonctions de coordination	conjonctions de subordination	prépositions	expressions diverses
Analogie Équivalence Adjonction	et, aussi, soit, de même, de plus, c'est-à-dire, par exemple...	comme, ainsi que, de même que, autant... autant, plus... plus, comme si, aussi que, autant que, plutôt que, d'autant plus, d'autant moins que	en plus de, en sus de, outre...	à ceci s'ajoute que, ceci se rapproche de, évoque, rappelle, ressemble, fait penser, est semblable à...
Séparation Division Alternance	ou, ni, soit... soit	soit que... soit que, non pas que... mais sauf que, sauf si, si ce n'est, excepté que, excepté si, à moins que	sans, hormis, excepté, sauf...	ceci exclut, diffère de, annule, n'est pas compatible avec...
Objection Contradiction Opposition	mais, néanmoins, cependant, pourtant, en revanche, au contraire, toutefois, or	tandis que, alors que, quand, si, là, où, loin que, bien que, même si, encore que, quoique, quand même, quel que, quelque... que, si... que	contre, en dépit de, loin de, malgré	avoir beau + inf. ceci s'oppose à, ceci contredit, ceci empêche, interdit...
Cause Motivation Explication	en effet, car	parce que, vu que, étant donné que, puisque, comme, c'est que, du moment que, dès lors que, sous prétexte que, d'autant que	à cause de, à la suite de, en raison de, par suite de	ceci résulte de, découle de, dépend de, provient de, procède de, ressortit de, vient de...
Conséquence Déduction Corollaire	donc, par conséquent, en conséquence, aussi, c'est pourquoi, ainsi	de (telle) sorte que, de (telle) façon que, de (telle) manière que, si bien que, au point que, si... que, trop... pour que	au point de, de peur de, de crainte de, afin de, pour, dans l'intention de...	ceci implique, entraîne, amène, cause, produit, suscite, incite, pousse à, il s'ensuit que..., cela a pour effet de

Voici deux courts textes. Lisez-les attentivement, puis répondez aux questions posées (les réponses sont données juste après).

T E X T E 1

La communication entre les scientifiques et le public est aujourd'hui plus importante qu'elle ne l'a jamais été. La plupart des grands problèmes de l'actualité font appel, de près ou de loin, à des connaissances scientifiques ou techniques. Ainsi en est-il de l'énergie, de l'information, de la biologie, de l'espace
5 *et des télécommunications. Même de grands thèmes sociaux et économiques comme l'avortement, la faim dans le monde, la pollution, l'automation ou la croissance industrielle impliquent, à la base, un débat technique.*

Il existe cependant des contradictions profondes entre la fonction du scientifique, source d'informations nouvelles, et celle du journaliste, « traducteur » de
10 *ces informations en termes compréhensibles et motivants pour le public. La recherche scientifique se fonde en effet sur un processus continu, tandis que les médias réagissent à partir d'événements discontinus.*

J. de ROSNAY, *Sciences et Médias.*

1. Le texte est composé de deux paragraphes. Quel lien logique figure au début du 2ᵉ paragraphe ? Que signifie-t-il ?

2. Existe-t-il d'autres mots de liaison à l'intérieur de chaque paragraphe ? Quel est leur rôle ?

3. La première phrase du texte est construite sur deux notions, la science et la communication. A travers quels termes se développent les deux réseaux lexicaux qui expriment ces deux notions ?

T E X T E 2

La littérature policière connaît, de nos jours, la même fortune que la littérature fantastique aux environs de 1830. Ce rapprochement n'est nullement fortuit, et nous ne saurions nous étonner que le génie d'un Edgar Poe ait pu briller d'un éclat égal dans les deux genres. Le cadre le plus ordinaire du conte fantastique
5 *est un local hanté par un fantôme ; le problème policier le plus commun est celui de la chambre close enveloppée de mystère. Mais le héros du conte fantastique croit à une manifestation de l'au-delà ; l'inspecteur de police sait bien que le criminel le plus habile est incapable de traverser les murs. L'un accepte le miracle comme signe d'une révélation, l'autre tâche de le supprimer grâce à sa technique*
10 *de la détection. Les deux manières semblent ainsi s'opposer comme s'opposent deux affirmations contradictoires dont l'une est fondée sur la foi en une réalité transcendante et l'autre sur l'adhésion à un positivisme souverain.*

Mais cette opposition est beaucoup trop rigide ; et la plupart des romanciers ou essayistes qui ont médité sur la technique du récit policier ont discerné quel rôle 15 *implicite joue encore le merveilleux dans cette catégorie d'œuvres.*

P. Castex, *Le conte fantastique en France.*

1. Quel mot de liaison ouvre le 2e paragraphe du texte ? Quelle est sa signification ?

2. Le premier paragraphe comporte-t-il des articulations logiques ? Si oui, précisez quelle est leur signification.

3. Le texte est construit sur un parallélisme entre deux types de littérature. Lesquels ?

4. Quels sont les termes qui constituent :

a – le réseau lexical de la littérature fantastique ?

b – le réseau lexical de la littérature policière ?

Quels termes soulignent l'existence de relations entre les deux ? Quelles sont ces relations ?

Réponses

T E X T E 1

1. Au début du deuxième paragraphe, on note la présence de *cependant*. Cet adverbe souligne une objection. L'idée selon laquelle il existe une relation étroite entre la science et la presse est modifiée : l'auteur affirme en effet qu'il y a des contradictions entre ces deux domaines.

2. Le premier paragraphe comporte (l. 4) le mot *Ainsi*, qui introduit une série d'exemples illustrant l'affirmation des lignes 1-4. Dans le deuxième paragraphe, on note la présence de *en effet* (l. 11), qui introduit une explication de ce qui précède.

3. Tableau des deux réseaux lexicaux du premier paragraphe.

Science	Communication
Les scientifiques	communication
des connaissances scientifiques	
ou techniques (énergie,	
information, biologie, espace,	
télécommunications).	
Débat technique	journaliste
fonction du scientifique	traducteur
recherche scientifique	médias

La première colonne fait apparaître un domaine, des composantes, des personnes, une démarche.

La deuxième colonne fait apparaître également un domaine, des personnes. On note que le réseau lexical des sciences est plus développé que celui de la communication.

T E X T E 2

1. Le deuxième paragraphe commence par *Mais*, qui marque une objection forte à ce qui a été dit précédemment. Il était question d'une opposition entre deux formes de littérature. L'objection souligne qu'il ne faut pas opposer ces deux littératures de manière aussi catégorique.

2. Dans le premier paragraphe, on note la conjonction *Mais* (l. 6). Elle apporte une objection au rapprochement des deux littératures fantastique et policière. L'objection porte sur les héros.
On note également *ainsi* (l. 10) : l'adverbe introduit une conclusion. Dans le second paragraphe, on n'observe que la présence d'un *et* de coordination.

3. Le parallélisme entre les deux types de littérature est donné dès la première phrase. Un rapprochement est établi entre la littérature policière actuelle et la littérature fantastique en 1830.

4. Tableau récapitulatif des deux réseaux lexicaux :

Littérature policière	Littérature fantastique
Littérature policière	Littérature fantastique
Edgar Poe	
problème policier	conte fantastique
chambre close	hanté
mystère	fantôme
inspecteur de police	héros de conte fantastique
criminel	révélation
miracle, détection	miracle, révélation
adhésion, positivisme souverain	foi, réalité transcendante

On observe un strict parallélisme entre les deux domaines avec l'énumération des êtres impliqués, des situations, des caractéristiques, du thème, du contenu et des principes.

Les relations mises en évidence sont à la fois des relations d'opposition et de similitude.

Exercices

T E X T E 1

Lisez attentivement le texte suivant, puis répondez aux questions qui permettent de préparer le résumé.

*L*e sport ouvre à l'égard du caractère deux sources précieuses de perfectionnement. Il ne peut en effet s'accommoder ni du mensonge ni du découragement. L'antinomie du mensonge et du sport découle de la nature mathématique
et réaliste des résultats sportifs. Elle est absolue. Un sportif ne peut tricher
5 utilement ni avec autrui ni avec soi-même ; le chiffre et le fait sont là et leur relief
brutal le rappelle au culte de la vérité. De même, se décourage-t-il, le plus lourd
des handicaps pèse sur lui ; il ne réussira qu'à condition de surmonter toute velléité
de défaillance prolongée et ce n'est qu'à doses de volonté distillée que ses progrès
s'inscriront en une courbe satisfaisante.
10 Une autre répercussion du sport sur le caractère vient du dosage des qualités
contraires dont le sportif a besoin. Il faut à celui-ci de l'audace et de la prudence
mélangées, c'est-à-dire une claire notion des difficultés et pourtant la foi qu'il en
viendra à bout. Sans doute ce dosage est toujours imparfait ; le penchant de
l'individu l'incline d'un côté ou de l'autre. Cela est si vrai que, lorsque des
15 scolaires encouragent des camarades au départ d'un concours sportif, on les entend
crier à l'un : « vas-y » et à l'autre : « méfie-toi ». Ils trouvent d'instinct la parole
propre à rectifier la balance chez le concurrent enclin à être trop calculateur ou
trop osé, trop confiant ou trop méfiant. N'empêche que cette particularité du sport
d'exiger la collaboration de qualités contraires souligne sa valeur comme instru-
20 ment pédagogique. Les autres instruments pédagogiques n'ont pas, en général, la
possibilité de s'employer à créer de l'équilibre direct ; ils y procèdent, si l'on peut
ainsi dire, par des effets alternatifs.
Il y a chez le sportif une certaine obligation d'impassibilité qui est fortement
éducative. Un sportif qui laisse transparaître la moindre contrariété paraît un peu
25 choquant ; un sportif qui laisse transparaître la moindre souffrance scandalise. Si
le sport lui a fait des épaules[1] larges, c'est aussi pour porter les ennuis et s'il lui
a fait les muscles solides, c'est pour faire taire ses nerfs et le rendre maître chez
lui. Ainsi raisonnent inconsciemment les voisins ; et ils sont dans le vrai. Soyez
attentifs, vous remarquerez que l'enfant déjà en a parfaitement conscience ; dès
30 qu'il a revêtu son premier costume de sport, il se sent sous une manière d'empreinte
virile qui lui impose une attitude déterminée, qui le force à donner l'illusion du
courage et du calme, même s'il n'en possède pas la réalité. Mais cela est fugitif et
imprécis. C'est à l'éducateur à tirer profit de cette disposition, à la souligner, à y
appuyer. S'il n'y songe pas, c'est qu'il est inférieur à son métier.

Y a-t-il des revers à la médaille[1] ? Le sport qui procure ainsi d'heureuses occasions d'influer sur le caractère ne risque-t-il pas d'y introduire aussi de mauvais germes ?

P. de COUBERTIN, *Pédagogie sportive.*

1. Repérer la structure logique du texte et ses réseaux lexicaux

1. A partir des deux expressions initiales, *sport* et *formation du caractère*, faites apparaître la structure du texte en montrant que les trois premiers paragraphes abordent trois aspects différents de la relation sport/formation du caractère.

2. Quel est le rôle des 3 dernières lignes, qui constituent le paragraphe 4 ?

3. Étudiez la structure du premier paragraphe en montrant qu'il est construit sur les deux idées suivantes : refus du mensonge, du découragement.

4. Étudiez comment s'exprime, dans le deuxième paragraphe, la notion de « contraires » (termes, structures de phrase, situations évoquées).

5. Quelle idée nouvelle, toujours sur le plan de la formation du caractère, apporte le paragraphe 3 ? Quel mot rend cette idée ?

2. Repérer les idées essentielles du texte

1. La succession des phrases suivantes rend-elle compte de la totalité des idées essentielles du premier paragraphe ?

– *Le sport refuse le mensonge et le découragement.*

– *En cas de découragement, le sportif est considérablement gêné. Seule sa persévérance peut le conduire au succès.*

2. Voici les idées essentielles du deuxième paragraphe. Elles ne sont pas données dans l'ordre du texte. A vous de retrouver cet ordre.

a – *La recherche de cette harmonie fait du sport un outil éducatif plus efficace que d'autres.*

b – *Le sportif doit être en effet téméraire et réservé, lucide et confiant.*

c – *Ainsi les supporters des équipes scolaires trouvent les encouragements et les recommandations qui tendent à équilibrer les caractères personnels des joueurs.*

d – *Le sport est formateur parce qu'il exige la coexistence d'éléments opposés.*

3. La succession des phrases suivantes correspond-elle aux idées essentielles du paragraphe 3 ?

– *Le sport donne aux athlètes une carrure intéressante.*

– *Il est tout à fait scandaleux que les médias révèlent les problèmes personnels des sportifs.*

– *Le choix du costume sportif est particulièrement important.*

– *L'éducateur doit profiter de la situation.*

---

1. Expressions à expliquer dans le contexte (solution p. 94).

Si votre réponse est négative, retrouvez dans le texte les idées essentielles et reformulez-les.

3. Résumer

En utilisant les réponses données aux questions précédentes, faites le résumé de ce texte en 130 mots ± 10 %.

T E X T E   2

Après avoir lu attentivement ce texte, répondez aux questions qui permettent de préparer le résumé.

P ourquoi le livre recherche-t-il tant les faveurs de la télévision ? La réponse est banale : elle touche plusieurs millions d'individus en même temps ; et si l'on s'en réfère aux tarifs des spots publicitaires diffusés avant et après les émissions littéraires, celles-ci représentent pour les éditeurs l'équivalent de milliards de
5 *francs de promotion (la publicité pour le livre est d'ailleurs interdite à la télévision). Une bonne « prestation » télévisée au cours d'une émission littéraire à fort indice d'écoute peut du jour au lendemain révéler un auteur hier encore inconnu ou faire décoller les ventes. Il en résulte que le passage à la télévision est aujourd'hui le parcours obligé de toute la gent éditoriale. Pour l'auteur débutant*
10 *ou obscur, c'est la possibilité de se voir décerner un acte de naissance littéraire. Pour l'éditeur, c'est un billet de loterie qui ne coûte rien et peut rapporter gros : un livre lancé par une « bonne télé » s'arrache dès le lendemain en librairie. Pour le lecteur, c'est un guide d'achat : la caution de l'animateur télévisé, l'estampille « passé à la télé » vaut pour lui toutes les consécrations ; pour le téléspectateur qui*
15 *ne lit jamais, enfin, ces émissions sont autant de « salons littéraires » qui lui permettent de se tenir au courant de la vie culturelle, tout en faisant l'économie de la lecture proprement dite. Ainsi, à première vue, le mariage du livre et de la télévision semble devoir rallier tous les suffrages.*

Il n'en est rien en fait. La télévision fait vendre, soit ; mais fait-elle toujours
20 *vendre, et faut-il vendre à tout prix ? Il existe un revers à cette médaille dorée, qui dans une certaine mesure annule ou amoindrit ce qu'elle a de positif.*

Opposer le livre aux médias a quelque chose de paradoxal. Le livre n'est-il pas un média, le plus ancien historiquement, et que les médias audiovisuels, malgré leur puissance, n'ont pas encore pu détrôner ? Pourtant, c'est l'évidence, il existe une
25 *différence intrinsèque, totale, définitive, qui sépare le livre de l'audiovisuel, et fait que ces frères ennemis oscillent souvent entre l'indifférence blasée, la détestation féroce et le flirt sans lendemain. Leur union n'est pourtant pas inféconde, loin de là ; mais ces parents terribles donnent souvent naissance à des enfants hybrides et*

---

monstrueux. Mariage d'amour, parfois ; __mariage de déraison__[1], souvent. Média le
30 *plus puissant, le plus cher, et celui qui touche le plus de gens à la fois, mais privilégiant l'oral et l'image, la télévision s'oppose trait pour trait au livre, qui, lui, véhicule du texte et du sens. Culture traditionnelle d'un côté, culture de masse de l'autre...*

E. BRASEY, L'année des lettres, 1988.

1. Expression à expliquer dans son contexte (solution p. 94).

1. Repérer les articulations logiques et les réseaux lexicaux

1. Repérez dans le texte les mots ou expressions qui constituent des liens logiques. En vous aidant du tableau de la page 35, précisez à chaque fois quel est leur rôle et leur sens.

2. Le 1er paragraphe a une structure rigoureuse dont les éléments sont repris et donnés ici, mais pas dans l'ordre du texte. Retrouvez cet ordre et faites correspondre au schéma rétabli les différents passages du paragraphe :
quatre conséquences concernant quatre groupes humains différents – une question – une conclusion – une réponse. Montrez que les quatre groupes cités appartiennent au même réseau lexical, celui du livre, lui-même associé à un autre réseau que vous préciserez.

3. En quoi le deuxième paragraphe apporte-t-il un démenti au premier ? Quels mots, précisément, expriment ce démenti ?

4. Retrouvez la structure du troisième paragraphe, ici schématisée dans un ordre incorrect : *objection - constat 1 - objection apportée à une objection - explication - constat 2 opposé au constat 1.*

2. Repérer les idées essentielles du texte

1. La succession des phrases suivantes rend-elle compte de la totalité des idées essentielles du premier paragraphe[1] ?
– *Pourquoi le livre veut-il tant s'associer à la télévision ?*
– *Une émission littéraire réussie peut faire connaître un auteur et développer les ventes.*
– *C'est pourquoi la télévision est indispensable à tous les partenaires du monde de l'édition : celui qui écrit, celui qui édite, celui qui lit. Ils ont tous à y gagner.*

2. Voici un résumé du troisième paragraphe. Il comporte des erreurs et des oublis. A vous de les repérer et de les corriger.

1. Non seulement il manque des idées dans la succession mais certaines phrases elles-mêmes sont incomplètes. S'il manque des éléments, rajoutez-les en les situant comme il convient dans la succession des idées.

*L*e livre n'est-il pas le premier véhicule des idées, et donc indéracinable ? Il n'y a aucune distorsion entre le livre et les médias : ils sont tantôt opposés, tantôt proches, de manière éphémère. Leur rapprochement peut être reproductif, mais la production risque l'incohérence. L'un utilise l'image et la parole, l'autre l'écrit et
5 le sens.

3. Résumer

En utilisant les réponses apportées aux questions précédentes, faites le résumé de ce texte en 120 mots ± 10 %.

T E X T E   3

Voici un autre texte. Lisez-le attentivement puis répondez aux questions qui permettent de préparer le résumé.

*I*l y a quelques années, on pouvait légitimement penser que la langue française approchait d'une crise qui lui serait fatale. Une observation linguistique objective permettait de constater une divergence de plus en plus grande entre le français parlé et le français écrit. Il ne s'agissait pas d'une simple question de
5 vocabulaire, mais bien de syntaxe. Une nouvelle grammaire s'élaborait, qui menaçait notamment de supprimer un certain nombre de temps (l'imparfait du subjonctif étant déjà, lui, hors de combat) et de bouleverser l'ordre même des mots.
   La langue française subissait ainsi une évolution naturelle et poursuivait la transformation qui avait fait d'un balbutiant dialecte gallo-romain la langue de
10 Bossuet, de Voltaire, de Jean Jaurès et du général de Gaulle. Cette évolution se poursuivait de façon d'autant plus active qu'elle était, naturellement, inconsciente, et l'on aurait bien étonné la ménagère disant : « Des petits pois, des frais, vous en avez-ti des moins chers ? » en lui faisant remarquer qu'elle employait là une construction courante dans certaines langues amérindiennes[1], mais non enseignée
15 à l'école de filles du quartier.
   Afin d'éviter tout malentendu, spécifions bien que cette évolution n'avait rien à voir avec des phénomènes accessoires, comme l'emploi d'expressions argotières ou simplement populaires ; mais, en un autre sens, elle était facilitée par l'abîme qui existe entre l'orthographe et la prononciation ; là, il y avait une impasse, car
20 toute idée de réforme de l'orthographe suscite des réactions passionnelles (bien à tort, à mon avis : il est vrai qu'il n'y a peut-être là qu'un faux problème sans grand intérêt).
   Quoi qu'il en soit, on pouvait donc prévoir un moment où la différence entre français parlé et français écrit serait telle qu'il se produirait une véritable
25 catastrophe que ne pourrait prévenir même une réforme radicale de l'orthographe.

43

Tout d'un coup, il y aurait deux langues : l'une, le français écrit, deviendrait l'équivalent du latin ; et l'autre, dûment codifiée, serait à son tour enseignée dans les écoles. On reconnaîtrait dans le néo-français[2] un idiome[3] indépendant.

Cette thèse, que je me suis plu à soutenir à plusieurs reprises il y a une vingtaine
30 *d'années, ne me paraît plus aussi bien fondée. Il s'est produit un phénomène qui met sérieusement en cause sa validité et dont les effets de freinage deviennent manifestes : il s'agit du développement de la télévision (la radio – sans le visage humain – n'a pas cette influence). A force de voir sur le petit écran d'autres eux-mêmes s'exprimer en un français (en général à peu près) correct, les Français*
35 *se sont mis à surveiller la façon dont ils s'expriment.*

R. QUENEAU.

1. Repérer les articulations logiques, les reprises de termes

1. Quels mots de liaison observe-t-on entre les paragraphes 1 et 2 d'une part, 3 et 4 d'autre part ?

2. Entre les paragraphes 2 et 3, on observe la reprise d'un même terme. Lequel ?

3. A quoi renvoie l'expression *Cette thèse*, qui ouvre le paragraphe 5 ?

A l'aide des réponses aux questions qui précèdent, récapitulez tous les éléments qui établissent un lien entre les différents paragraphes du texte.

2. Repérer les réseaux lexicaux du texte

1. Quel terme exprime le thème essentiel de l'analyse que fait ici R. Queneau ? Repérez dans le texte tous les emplois de ce terme, ou de synonymes, ou de termes proches par le sens.

2. A quelles notions répétées se trouve rattaché ce terme essentiel dans chacun des paragraphes ? Quels sont les deux réseaux lexicaux dominants du texte ?

3. Repérer la structure logique du texte

1. Quelle est la thèse contenue dans le premier paragraphe ?

2. Que constitue le deuxième paragraphe par rapport au premier ? Quelle est la fonction des références faites à Bossuet, Voltaire, Jaurès et de Gaulle ?

3. En quoi le paragraphe 3 contient-il à la fois une objection et une explication ?

---

1. *Amérindiennes* : propres aux Indiens de l'Amérique du Nord.
2. *Le néo-français* : le français d'origine récente, tel qu'on le parle depuis vingt ou trente ans.
3. *Idiome* : langue particulière, possédant son vocabulaire et sa syntaxe à elle.

4. Que constitue le paragraphe 4 dans l'organisation générale de la démonstration ? En quoi l'expression *quoi qu'il en soit* et *donc* sont-ils représentatifs du rôle joué par ce paragraphe ?

5. Quel rôle joue le paragraphe 5 dans la démonstration ? Quel élément nouveau entre en jeu dans ce paragraphe ? Que devient la thèse de l'auteur ?

4. Repérer les idées essentielles du texte

Voici une succession de phrases. Elles correspondent à certaines idées essentielles du texte, mais elles n'en représentent pas la totalité. Elles ne sont pas non plus données dans l'ordre du texte. A vous de rétablir l'ordre des idées et d'en retrouver la totalité.

– *C'était là une transformation historique et logique, se faisant indépendamment des utilisateurs, ce qui la facilitait.*

– *Ce point de vue, le mien vers 1950, semble maintenant contestable.*

– *On ne peut envisager sereinement une réforme de l'orthographe.*

– *Précisons que cette transformation ne dépend pas des niveaux de langue.*

– *Il fallait donc craindre un divorce entre l'écrit, langue morte, et une nouvelle langue, l'oral.*

– *Récemment on pouvait envisager un écart progressif – et dangereux – entre le français écrit et le français parlé.*

5. Résumer

Après avoir vérifié les réponses aux questions précédentes, faites le résumé de ce texte en 115 mots ± 10 %.

TEXTE 4

Après avoir lu attentivement ce texte, répondez aux questions qui permettent de préparer le résumé.

Quelque bienfaisantes que soient certaines des applications de la science pour diminuer la peine et la souffrance des hommes, le rythme accéléré auquel elles se développent et leur introduction dans une société humaine insuffisamment préparée à les recevoir ou trop lente à s'y adapter nous semblent aujourd'hui n'être pas sans danger. Ces nouveaux et puissants moyens d'action créent pour notre espèce un milieu nouveau. Aura-t-elle l'intelligence, l'imagination et la volonté nécessaires pour y vivre et pour transformer son organisme et ses institutions, par évolution ou par mutation, ou périra-t-elle, victime d'elle-même et de son propre effort, comme d'autres espèces l'ont fait avant elle ? Beaucoup de bons esprits se

10 posent aujourd'hui la question ; certains vont jusqu'à crier leur défiance et à
proposer d'enchaîner la science[1] comme le fut autrefois Prométhée pour avoir
donné le feu aux hommes.

Il y a effectivement danger, danger économique et danger militaire. Le danger
économique apparaît aujourd'hui à tous. Il résulte d'une ivresse technique, d'un
15 développement trop rapide de l'industrie dans des conditions où la machine, au lieu
d'être mise au service de tous les hommes, vient concurrencer victorieusement
ceux-ci. Des hommes sont sans travail et sans ressources en face d'une paradoxale
surproduction et d'autres, ceux qui restent attachés à la machine pendant un temps
trop long, deviennent les esclaves de celle-ci, perdent l'initiative, la spontanéité qui
20 faisaient la valeur de l'ancien artisan. Voltaire disait que si Dieu a créé l'homme
à son image, celui-ci le lui a bien rendu ; de même l'homme qui a voulu créer la
machine à son image pour effectuer à sa place les gestes nécessaires à prolonger
sa vie, est menacé, par l'usage, de devenir semblable à sa créature, de n'être plus
que le prolongement de celle-ci ou la victime des besoins artificiels créés pour
25 augmenter sans cesse les profits résultant de son fonctionnement toujours plus
intensif. Le jeune Américain engage son avenir pour se procurer les dernières
nouveautés de la technique, et la colonisation va tenter le Nègre ou l'Oriental avec
des toxiques dont il se passerait bien.

Il y a aussi le danger que j'appelais tout à l'heure militaire, celui qui résulte de
30 la terrible efficacité que la science a donnée aux moyens de destruction. La
question est angoissante de savoir laquelle ira le plus vite dans ses effets, des deux
possibilités de servir et de nuire qu'une seule et même science met à la disposition
des hommes.

Ceux qui aiment la science et la veulent bienfaisante ont le devoir d'y songer
35 et d'y travailler. Pour réaliser l'adaptation nécessaire aux conditions nouvelles
créées par la science, dont nous ne croyons pas possible ni désirable d'arrêter le
développement en raison des bienfaits sans limites qu'elle contient en puissance,
pour parer au double danger économique et militaire, une création de justice est
nécessaire, justice sociale d'un côté, justice internationale de l'autre. Puissions-
40 nous y arriver à temps !

Paul LANGEVIN, Extrait de la Préface de *L'évolution humaine.*

1. Repérer la structure logique du texte et ses réseaux lexicaux

■■■■ **1.** Quels mots de liaison figurent au début du deuxième et du troisième
paragraphe ? Ces deux mots sont suivis d'un même terme. Lequel ? Celui-ci
figurait-il déjà dans le premier paragraphe ? Figure-t-il dans le dernier ? Que
peut-on déduire de ces observations concernant le thème général du texte ?

■■■■ **2.** Quelle relation observez-vous entre le contenu des paragraphes 2 et 3
d'une part et la ligne 13 d'autre part ?

1. Expression à expliquer dans son contexte (solution p. 94).

3. Voici une liste de termes parmi lesquels figurent les trois mots clés du texte. Retrouvez-les grâce à une relecture attentive du premier paragraphe :

préparatifs - énergie - mythologie - applications scientifiques - évolutionnisme - mutant - écologie - bienfaits - esclavage - danger - apocalypse - informatique - imaginaire.

4. Repérez dans le texte tous les mots constituant le réseau lexical du *danger*. Montrez comment la démonstration évolue de l'idée de danger général à l'idée de dangers particuliers.

5. Repérez dans le texte tous les termes constituant le réseau lexical de la science et de ses applications techniques.

6. Repérez dans le texte tous les termes exprimant l'idée de *bienfait*. Où figurent-ils ? Faut-il respecter cette position ?

2. Repérer et respecter le système de l'énonciation

Dans le premier paragraphe, deux termes soulignent deux points de vue qui ne sont pas nécessairement ceux de l'auteur. Quels sont ces termes ? A qui appartiennent les deux points de vue ?

3. Repérer les idées essentielles du texte

1. La succession des formulations suivantes rend-elle compte des idées essentielles du premier paragraphe ?
– *Le développement rapide des techniques comporte des risques.*
– *Les hommes sauront-ils s'y adapter ou sont-ils condamnés à disparaître ?*
– *Certains proposent de neutraliser la science.*

2. Voici la totalité des idées essentielles du deuxième paragraphe, mais elles ne sont pas données dans l'ordre du texte. A vous de rétablir celui-ci.

a – *L'invention d'une machine capable de le remplacer conduit aussi l'homme à succomber aux besoins nés du cycle production/consommation en constante progression.*

b – *Le risque économique est lié au développement industriel intensif. La machine domine. Dans une ère de productivité intensive, elle est génératrice de chômage et asservit ses utilisateurs, les privant de créativité.*

c – *Car il existe deux risques.*

4. Reformuler

Voici le résumé des deux derniers paragraphes. Il comporte des erreurs et des oublis. A vous de les repérer et de les corriger.

I l est angoissant de se demander si les effets négatifs de la science seront ou non plus rapides que les effets positifs. La science est bienfaisante. Il faut donc créer une justice et souhaiter que les scientifiques aillent vite.

5. Résumer

En utilisant les réponses données aux questions précédentes, faites le résumé de ce texte en 180 mots ± 10 %.

T E X T E 5

Voici un autre texte. Lisez-le attentivement, puis répondez aux questions qui permettent de préparer le résumé.

U ne thèse fréquemment avancée par les ennemis de l'école, c'est qu'il existe des savoirs qui se transmettent ailleurs. Qu'elle n'a donc nul <u>monopole</u>[1]. Cela va de soi : il y a sûrement des savoirs qui se transmettent par des voies non scolaires. Il y en a aussi, il faut bien le dire, qui ne se transmettraient guère, s'il
5 *n'y avait nulle école. Peut-on croire sérieusement que les mathématiques ou la physique, sans parler de la philosophie, de l'histoire, de la philologie, subsisteraient un instant s'il n'y avait pas, pour les soutenir, une forme de contrainte : une règle de bienséance selon quoi, dans nos sociétés, il est tenu pour honorable de les connaître un tant soit peu ? L'école n'est que l'expression institutionnelle de cette*
10 *bienséance, et, dans une société égalitaire, l'école obligatoire pour tous assure que les patriciens ne seront pas seuls à l'observer. Nous disons bienséance à dessein, ne tenant pas à préjuger de la plus ou moins grande utilité sociale ou productive des savoirs : il devrait suffire ici que certaines ignorances soient mal supportées. Il en va ainsi en France, où, pour des raisons qu'on peut expliquer, le peuple dans*
15 *son ensemble respecte les savants, déteste les ignorances quand elles lui sont imposées, les méprise quand elles se trahissent chez quelque puissant.*

N'oublions donc pas les savoirs qui réclament l'école. Mais enfin, il en est qui ne la réclament pas.

Cela signifie en réalité qu'ils ne réclament pour être transmis le soutien
20 *d'aucune obligation scolaire et d'aucune institution contraignante. Pour qu'il en soit ainsi, il faut qu'ils disposent d'une force de transmission autonome, et celle-ci, dans la plupart des cas, n'est autre que la passion de ceux qui les détiennent et le nombre de ceux qu'ils passionnent. Aussi ces savoirs rebelles à l'école apparais-*

25 *sent-ils toujours les plus passionnants pour le plus grand nombre : s'il en allait autrement, ils seraient, comme les autres savoirs, dépendants pour subsister d'une obligation institutionnelle. Ces savoirs, on les connaît : ils se divisent en gros en deux classes. D'une part, on a ce qu'on peut appeler les savoirs chauds : le savoir du vent qui tourne, de la terre riche en signes secrets, des matières maniables*
30 *ou non, de la chatte qui pressent le froid prochain, etc. En bref, ce que Sido apprend à sa fille : on sait le prix que Colette y attachait et qu'il ne l'a pas empêchée pourtant d'aller à l'école et d'y apprendre quelque chose que Sido ne lui apprenait pas. Mais passons. L'autre classe est celle des savoirs proliférants : ils changent au gré des modes, mais, quand ils sont dans leur éclat, rien ne semble leur*
35 *résister. Aujourd'hui la bande dessinée, hier le cinéma, demain autre chose donnent lieu à une érudition qui ne le cède en rien en rigueur et en sécheresse à la philologie classique. Comme cette dernière, elle suscite des assauts et des controverses : le furor philologicus est de même nature que la passion du fan, et inversement.*

 Chauds ou proliférants, il s'agit bien de savoirs. On peut à leur propos
40 *distinguer des experts et des ignorants. Ils supposent une transmission explicite – laquelle prend souvent les voies d'une initiation secrète, mais peu importe. Ils ne sont pas innés et ne s'acquièrent pas par l'imprégnation : voilà le point. Au reste, ils sont, à bien des égards, tout à fait opposés. Les savoirs chauds sont volontiers campagnards et ancestraux : ils viennent des aînés – souvent des pères et des*
45 *mères, parfois des vieillards. Leur temps est celui de la lenteur, présentée comme un gage d'éternité ; leur forme est la permanence. Les savoirs proliférants circulent au sein d'une même classe d'âge et, par-dessus tout, échappent à la famille. Appartenant aux villes, souvent aux banlieues, leur forme, comme celle des villes, change vite. Aussi leurs détenteurs doivent-ils se laisser saisir par la*
50 *rapidité et le déplacement. Leur temps est celui de l'époque, qui rompt les continuités et s'imagine comme une nouveauté répétée.*

J.-C. MILNER, De l'école, 1984.

1. *Repérer la structure logique et les réseaux lexicaux du texte*

▰▰▰ **1.** Déterminez le thème général de ce texte en observant la reprise d'un même terme aux lignes 2, 3, 17, 23, 26, 33. Comment la même notion apparaît-elle à la ligne 19 ? Le terme répété représente-t-il à chaque fois exactement la même notion ?

▰▰▰ **2.** Le premier paragraphe est construit sur le constat de l'existence de deux notions opposées. Lesquelles ?

▰▰▰ **3.** A partir du troisième paragraphe apparaît une subdivision qui se précise dans le paragraphe 4. Le tableau suivant donne le schéma du texte et de ses subdivisions. A vous de le compléter et de le préciser.

1. Mot à expliquer dans le contexte (solution p. 93).

Savoirs A	Savoirs B	
– mode de transmission – exemples	– mode de transmission – caractéristiques	
	1er groupe exemples	2e groupe exemples
	caractéristiques les opposant	

4. Voici une liste de termes parmi lesquels figurent les 3 mots clés du texte. Retrouvez-les :

préjugés - révolte - école - respect - transmission - réclamation - productivité - savoirs - urbanisation - structuralisme.

2. Repérer et respecter le système de l'énonciation

1. Quelle est la première thèse énoncée ? Qui en sont les auteurs ?

2. A quelle personne est le premier verbe de la ligne 17 ? A quel moment du texte retrouve-t-on cette même personne ? L'auteur du texte s'inclut à un groupe général qui n'est pas désigné par cette personne. Quel est alors le pronom personnel utilisé ?

3. Repérer les idées essentielles du texte

La succession des phrases suivantes donne, mais de manière incomplète, les idées essentielles du texte. Retrouvez les idées oubliées.

— *Ceux qui dénigrent l'école affirment qu'elle ne donne pas toutes les connaissances.*

— *Mais certains dépendent exclusivement de l'école.*

— *C'est elle qui garantit, par son caractère obligatoire, l'accès de tous à des savoirs considérés par tous comme indispensables.*

— *Ces savoirs, ne dépendant pas de l'école, se transmettent par l'enthousiasme de leurs dépositaires et la multiplicité de leurs destinataires.*

— *D'un côté se situent les « savoirs chauds », de l'autre les « savoirs proliférants ».*

— *Ces différents savoirs ne sont pas originels et comportent de nombreuses oppositions. Les « savoirs proliférants » se développent chez les jeunes du même âge, en dehors des liens familiaux. Leur durée est éphémère.*

4. Reformuler

1. Voici des équivalents de certains mots importants du texte. Éliminez ceux qui ne sont pas adaptés au contexte.

Transmettre : *communiquer, propager, faire passer, faire parvenir.*
Patriciens : *aristocrates, notables, privilégiés.*
Bienséance : *savoir-vivre, conformité, convenance, convention.*
Classes : *échelons, conditions, séances, groupes, catégories.*
Permanence : *durée, continuité, stabilité, immobilité, pérennité.*

■■■ **2.** Trouvez une ou plusieurs expressions englobantes pour reprendre l'énumération suivante : *Les mathématiques ou la physique, sans parler de la philosophie, de l'histoire, de la philologie.*

5. Résumer

Après avoir vérifié les réponses données aux questions précédentes, résumez le texte en 175 mots ± 10 %.

MÉTHODE

■■■ Pour **repérer l'évolution logique** d'un texte, utilisez les trois éléments suivants :
– la division en paragraphes
– les réseaux lexicaux
– les articulations logiques.

■■■ La division en **paragraphes** s'observe facilement. Si les paragraphes sont nombreux et courts, ne les conservez pas dans le résumé : intégrez-les à ce qui précède ou à ce qui suit.

■■■ Les **réseaux lexicaux** s'analysent à partir des champs lexicaux et de la reprise de termes traitant d'un même thème.

■■■ Les **articulations logiques** peuvent se présenter sous plusieurs formes :
– Mots ou expressions logiques (ceux et celles du tableau de la page 35).
– Déterminants précis : pronoms personnels, adjectifs démonstratifs.
– Simple reprise de termes appartenant au même réseau lexical.

5. Que faire des exemples et des citations ?

Rappel

Résumer un texte est souvent rendu difficile par la présence d'**exemples**, de **citations**, d'interventions exprimées au **style direct**. Il faut, à ce sujet, respecter quelques règles.

– Les **exemples** ne sont pas à supprimer **systématiquement**. Ceux qui ont pour seule fonction d'**illustrer** une idée déjà exprimée peuvent disparaître. Ceux qui ont valeur d'**argument** doivent être **conservés**.

– Une citation reprise entre **guillemets** ne peut être modifiée. Si le résumé implique qu'elle soit réduite, et donc modifiée, il faut supprimer les guillemets.

– Une intervention rapportée au **style direct** peut être conservée si elle est brève. On garde alors les guillemets. Si elle doit être résumée, il vaut mieux l'intégrer au texte sous forme de style indirect. On supprime alors les guillemets.

exemple

Voici trois courts textes présentant certaines des difficultés qui viennent d'être signalées. Lisez-les attentivement et répondez aux questions posées. Les réponses sont données juste après.

T E X T E 1

L e Télécran, décrit par Orwell dans 1984, ce Grand Ordinateur terrifiant régissant l'homme jusque dans la moindre de ses actions et pensées quotidiennes, pourrait bien avoir vécu avant que de naître. Il a été détrôné par la miniaturisation des composants électroniques, cette « révolution dans la révolu-
5 *tion ». [Aujourd'hui, toute la bibliothèque de Washington tient dans une mémoire de la taille d'une tête d'épingle], et [les archéologues du musée de Jérusalem*

confient à un micro-ordinateur le soin de décrypter en quelques années les milliers de rouleaux des Manuscrits de la Mer Morte]. Travail de fourmi pour des générations de chercheurs, il y a encore quelques années.

Éditorial de *Pile et face*, septembre 1982.

1. Faut-il conserver les deux exemples des passages entre crochets ?
2. Faut-il les supprimer intégralement ?
3. Faut-il trouver une formule reprenant globalement l'idée ?

T E X T E   2

« Un étudiant sortant du collège après huit ans (d'études) n'est pas en état de lire un livre français dans une compagnie d'honnêtes gens... » « Tous les professeurs et tous les examinateurs de France (et pas seulement du baccalauréat) sont d'accord là-dessus : les jeunes Français n'écrivent pas en français. La
5 *déchéance progressive est, en cette affaire, d'une prodigieuse rapidité... »*

Ces constats sans appel ne datent pas d'hier. Le premier est extrait d'un mémoire de la faculté de Droit de Rennes, en date du 25 mars 1762 ; le second est de Faguet dans l'Univers *du 18 février 1909, et j'en tiens des dizaines d'analogues à la disposition des collectionneurs.*

A. PROST, Article paru dans *Libération*, le 28 mars 1984.

1. Faut-il reprendre intégralement et textuellement les deux citations du premier paragraphe ?
2. Faut-il les supprimer totalement ?
3. Faut-il reprendre sous une forme globale l'idée qu'elles expriment ?

T E X T E   3

Au cours d'un échange de vues où j'avais parlé des conditions d'une vie harmonieuse, un de mes interlocuteurs m'a demandé à brûle-pourpoint : « Mais vous, monsieur, êtes-vous heureux ? » Pris au dépourvu, car je ne m'étais pas posé la question, j'ai répondu tout bêtement que je n'en savais rien.

G. THIBON, *L'équilibre et l'harmonie*.

1. Faut-il supprimer la question au style direct ?
2. Faut-il la maintenir textuellement ?
3. Faut-il la transformer en style indirect ?

Réponses

T E X T E   1

1. Il est impossible de reprendre les deux exemples, ce serait trop long.

2. Il est difficile de supprimer l'idée parce qu'on ne saurait plus, alors, en quoi il y a *révolution*.

3. Il faut garder l'idée, sous une forme globale : *Les ordinateurs accomplissent très rapidement le travail colossal de nombreux bibliothécaires et chercheurs*, ou encore : *La micro-informatique remplace aujourd'hui le travail intensif et long de multiples chercheurs.*

T E X T E   2

1. On ne peut pas supprimer le premier paragraphe, point de départ de la réflexion contenue dans le texte.

2. On ne peut pas non plus reprendre intégralement les deux citations.

3. Il faut donc reprendre l'idée globale : *Dire que les jeunes Français n'apprennent ni à lire ni à écrire correctement leur langue n'est pas nouveau...*

T E X T E   3

1. L'intervention au style direct ne peut pas être supprimée.

2. Étant donné sa brièveté, elle pourrait être conservée telle quelle.

3. Il vaut mieux cependant l'intégrer au texte par l'utilisation du style indirect : *Un intervenant m'a demandé si j'étais heureux.*

Exercices

T E X T E   1

Lisez attentivement le texte suivant, puis répondez aux questions qui permettent de préparer le résumé.

L'amour de l'aventure a des interférences avec le sens exotique, le désir d'évasion, le goût des voyages, le sentiment héroïque, et c'est normal. Au départ de l'aventure, quelle qu'elle soit, il y a toujours un besoin de changement. « Le pirate, écrit Gilbert Lapouge, est un homme qui n'est pas content. L'espace
5 *que lui allouent la société ou les dieux lui paraît étroit, nauséabond, inconfortable. Il s'en accommode quelques brèves années et puis il dit « pouce », il refuse de jouer le jeu. Il fait son balluchon... » Tous les aventuriers ne sont pas des pirates, mais ils veulent changer d'horizon. Le mouvement leur est imposé : déplacement*

corporel en général ; quelquefois divagation de l'esprit, errance dans le monde des
10 rêves ou des chimères. Certes les sages résistent à cette quadruple tentation : ils
s'accommodent de leur sort, ils démystifient l'héroïsme, ils vivent en plein accord
avec eux-mêmes, ils restent en place. Diogène dans son tonneau, Montaigne en sa
librairie, Pascal dans sa chambre, La Fontaine dans ses parcs... L'immobilité,
c'est le remède efficace contre le désir de tenter l'aventure, d'aller « ailleurs », afin
15 de connaître une existence plus comblée, de cueillir l'immortalité de la gloire.
Certes, tous ceux qui ne sont pas des sages, et qui s'agitent, ne sont pas des
aventuriers. Il s'en faut de beaucoup. La plupart restent cramponnés à leur bureau,
à leur pré, à leur usine, à leur école, se contentant de grommeler et de rêver à
l'aventure. Seule une mobilisation générale ou un cataclysme, leur forçant la main,
20 les pousse à partir. L'aventurier authentique, non mobilisé, est un homme qui se
meut librement : on ne court pas l'aventure sur place. Un environnement habituel,
une façon de vivre monotone, des visages trop connus érodent les passions
primaires, seul <u>levain</u>[1] de l'esprit d'aventure.

Car, si on veut la connaître, il est presque indispensable de partir, comme le
25 voyageur, le désabusé, le héros en puissance. Même l'aventurier de l'esprit est un
chercheur condamné au mouvement. Il ne peut se cloîtrer toujours dans son
cabinet, sa bibliothèque, son laboratoire. <u>L'usage du monde</u>[1] est irremplaçable.
Montaigne lui-même, le plus casanier de tous, quitta sa librairie. Aujourd'hui
surtout, au temps des colloques, des conférences, des enquêtes, le savant se
30 déplace, sans parler des combats qu'il lui faut soutenir de-ci, de-là contre une
indifférence ou une hostilité qu'il rencontre fatalement : c'est un anticonformiste
de la pensée, de la science.

Si l'homme s'aventure avec son corps, il est voué aux grands espaces ou aux
régions interdites... Au début, il faut quitter une maison, un rivage, un havre où l'on
35 est à l'abri, où la vie ne pose pas de problèmes. On doit renoncer à une situation
connue, donc rassurante, procéder à une sorte de dépouillement. Les gentilshom-
mes gascons prenaient un nom de guerre en entrant dans les mousquetaires ; le
légionnaire perd son état civil en s'engageant ; les conspirateurs, les maquisards
se désignent par des surnoms. Tel un soldat en rupture de ban, l'aventurier fait
40 table rase de son état.

R. MATHÉ, *L'aventure, d'Hérodote à Malraux.*

1. Repérer les problèmes posés par les citations et par les exemples

■■■ **1.** Le texte comporte une citation. Repérez-la. Pouvez-vous la reprendre
sous forme de citation entre guillemets ? Quelle solution faut-il adopter pour
rendre l'idée qu'elle contient ?

■■■ **2.** Repérez les exemples du texte. Peut-on garder les noms de sages ? les
catégories qui figurent dans les lignes 36-40 ?

1. Mot et expression à expliquer dans le contexte (solution p. 93).

2. Repérer les idées essentielles du texte

▬▬▬ 1. La succession des phrases suivantes rend-elle compte de la totalité des idées essentielles du premier paragraphe ?

– *L'aventure naît de la nécessité de changer, sur des plans différents : corps, esprit, imagination.*

– *Ceux qui ne bougent pas sont les philosophes qui acceptent leur condition, dans des lieux choisis, comme Diogène, Montaigne, Pascal et La Fontaine.*

– *Un grand nombre se limite à l'aventure rêvée.*

– *Le véritable aventurier est celui qui refuse que l'enthousiasme générateur d'aventure soit gommé par les habitudes.*

▬▬▬ 2. Voici un résumé du deuxième paragraphe. Il comporte des erreurs. A vous de les identifier et de les corriger.

Il n'y a en effet d'aventure sans voyage et même Montaigne abandonna ses livres. Le voyageur doit bouger, se battre contre les anticonformistes.

▬▬▬ 3. Voici les idées essentielles du troisième paragraphe : elles sont exactes mais données dans un ordre qui n'est pas celui du texte. A vous de rétablir l'ordre correct.

a – *L'aventure implique d'abord un abandon, une rupture déstabilisante.*

b – *Le déplacement spatial conduit dans des domaines difficilement accessibles.*

c – *L'aventurier doit oublier ce qu'il est, jusqu'à son propre nom.*

3. Reformuler

▬▬▬ Trouvez des termes englobants pour regrouper les éléments des énumérations suivantes :

– *avec le sens exotique, le désir d'évasion, le goût des voyages, le sentiment héroïque ;*

– *La plupart restent cramponnés à leur bureau, à leur pré, à leur usine, à leur école.*

4. Résumer

Voici le résumé du texte. Complétez les blancs par les mots qui vous paraissent convenir.

L' *aventure est liée au voyage, à l'ailleurs exotique, à la .... Elle vient d'une volonté de .... : lieu, pensée, imagination. Seuls les .... échappent à cette envie et savent accepter leur condition, sans quitter un domaine privilégié : Diogène, Montaigne, Pascal, La Fontaine. Il ne suffit pas de bouger*
5 *pour devenir un ...., loin de là. Beaucoup s'accrochent à leur lieu .... Seule la .... les déplacera. Le .... aventurier n'est pas .... par*

les habitudes, qui freinent l'aventure.

*Pour .... découvrir, il faut s'en aller. Même les « aventuriers de l'esprit »
se déplacent. Montaigne .... ses livres. Actuellement, avec les différentes*
10 *rencontres, les hommes de science bougent et se battent. Celui qui voyage
.... s'oriente vers des découvertes et des lieux dangereux. L'aventure impose
une .... déstabilisante. L'.............. d'un statut .... fait de l'aventurier un homme sans identité.*

Résumé fait en 150 mots

T E X T E   2

Voici un autre texte. Lisez-le avec attention, puis répondez aux questions
qui permettent de préparer le résumé.

L' *homme forme avec la nature un très vieux couple, indissolublement uni,
bien qu'assez orageux. Au commencement, l'homme démuni de tout,
menacé de toutes parts, n'était que le plus faible et le moins adapté des animaux.
C'est que sa vocation – ce qui le distingue parmi les autres vivants – consiste à*
5 *adapter la nature à ses besoins au lieu de s'adapter à elle. Contre le froid l'animal
a sa fourrure. L'homme construit sa maison et la dote d'un chauffage. Il crée ainsi
un minuscule microclimat où il s'épanouit de bien-être.*

*Mais à mesure que sa puissance augmente et conjure la menace des éléments
naturels, une nostalgie immémoriale lui fait regretter les temps héroïques de sa*
10 *nudité et de sa faiblesse. A force de s'entourer de décors et de nourritures
artificiels, il lui vient une nausée de l'humain, et il se prend à rêver d'intempéries
et de météores qui sont comme autant d'incursions du ciel dans sa vie. Certains
sports – que l'on pourrait qualifier d'élémentaires – n'ont pas d'autre raison d'être.
La nage en mer et le voilier, le ski, l'alpinisme, le vol à voile nous retrempent aux*
15 *sources originelles de notre histoire, voire de notre préhistoire, et il n'est pas
jusqu'à l'équitation qui nous restitue le chaud contact de l'animal hors duquel nos
ancêtres n'auraient pu survivre.*

*Les éléments sont tous nourriciers. La terre donne ses récoltes et ses minerais,
la mer ses poissons, le feu cuit la soupe, et l'air emplit nos poumons.*
20 *Mais ces rassurantes fonctions pèsent de peu de poids en regard des forces
colossales qu'ils peuvent déchaîner. Il y a dans l'orage ou la tempête une <u>majesté
cosmique</u>[1] doublée d'une inaltérable innocence qui leur donne une dimension
sacrée. Les « héros élémentaires » de notre temps – Éric Tabarly, Paul-Émile
Victor, Haroun Tazieff – font figure d'intercesseurs entre le commun des hommes,*
25 *parmi lesquels ils ont un pied, et l'empire redoutable des mers, des glaces ou des
volcans où ils ont l'autre pied. Et que dire du spéléologue Michel Siffre qui
s'engloutit des semaines entières dans la nuit des gouffres, réalisant ainsi une
expérience effrayante d'inhumation vivante ? En le voyant s'exhumer, tremblant*

et pleurant d'émotion et de fatigue, je pensais à Lazare sortant de son tombeau,
30 et aussi à une racine végétale, parce qu'elle est le symbole à la fois de la vie et de
la mort.

   Cette dimension métaphysique[2] des forces élémentaires prend une signification
vengeresse dans leur déchaînement brutal. Le Déluge universel, le feu de Sodome
et Gomorrhe, les plaies d'Égypte[3] manifestèrent le bras d'un Dieu courroucé par
35 la mauvaiseté des hommes. Cette signification n'est pas perdue. Lorsque, le
14 avril 1912, le steamer Titanic, heurté par un iceberg, coula avec quinze cents
personnes, il se trouva des penseurs prophétiques pour célébrer cette salutaire
revanche de la nature bafouée contre l'homme. Quelques années auparavant, le
4 mai 1897, l'incendie du Bazar de la Charité, où périrent nombre de femmes de
40 la haute société, avait été salué comme un miracle par Léon Bloy, l'homme « qui
proférait l'absolu dans un clairon d'or ».

Michel TOURNIER, Des clés et des serrures, 1979.

1. Repérer les exemples

1. Le texte comporte plusieurs exemples. Repérez-les et déterminez s'il convient de les conserver ou de les éliminer du résumé.

2. Qu'on en commun les *héros élémentaires* Éric Tabarly, Paul-Émile Victor, Haroun Tazieff et Michel Siffre ? Par quelle expression englobante pourrait-on les remplacer ?

3. Qu'ont en commun les exemples suivants : *le Déluge universel, le feu de Sodome et Gomorrhe, les plaies d'Égypte* ? Par quelle expression englobante pourrait-on les remplacer ?

4. Qu'ont en commun les deux événements historiques que sont le naufrage du *Titanic* et l'incendie du Bazar de la Charité ? Quelle(s) expression(s) englobante(s) pourrai(en)t les remplacer ?

2. Repérer les articulations logiques du texte

1. Le lien qui unit les deux premiers paragraphes du texte est-il logique ou chronologique ? Justifiez votre réponse en vous appuyant sur le texte.

2. Quel mot de liaison observez-vous au début du quatrième paragraphe ? Quelle est sa signification ?

3. A quelle expression renvoie le groupe nominal : *Cette dimension métaphysique* ? Quel rôle joue le dernier paragraphe dans le texte ? Quel est le rôle du paragraphe 3 ?

1. Expression à expliquer dans le contexte (solution p. 93).
2. L'homme explique le déchaînement des forces élémentaires par une intervention divine.
3. Catastrophes évoquées dans la Bible comme autant de punitions divines.

3. Repérer les idées essentielles du texte

1. Retrouvez-vous les idées essentielles des trois premiers paragraphes ?
– *Initialement, l'homme était tout à fait inadapté.*
– *Il diffère en effet des animaux en ce qu'il peut modifier la nature.*
– *Saturé d'éléments fabriqués, il souhaite revenir à la nature et le fait par* certains sports qui rétablissent le contact avec l'eau, l'air et la terre.
– *Les quatre éléments traditionnels le font vivre.*

2. Voici trois formulations : laquelle vous semble rendre le plus exactement le contenu du paragraphe 4 ?

a – *Mais cette utilité représente peu par rapport à une puissance presque sacrée. Les héros qui affrontent ces éléments jouent les intermédiaires entre les hommes et l'océan, la glace ou le feu, tous redoutables. Celui qui ressort de terre illustre simultanément le monde des vivants et celui des morts.*

b – *Mais ce rôle est minime face à un pouvoir et à une beauté presque sacrés. Les héros de la nature, Tabarly, Victor, Tazieff, servent de lien entre le monde humain et celui des forces cosmiques. M. Siffre, sortant de terre, évoque la résurrection de Lazare. Il est pour moi l'image de la vie et de la mort.*

c – *Mais ces fonctions sécurisantes pèsent peu face aux forces cosmiques de ces éléments. Les héros élémentaires jouent les intercesseurs. Lazare sortant de son tombeau est pour moi l'incarnation de la métaphysique.*

4. Résumer

A l'aide des réponses données aux questions précédentes, faites le résumé de ce texte en 130 mots ± 10 %.

T E X T E 3

Lisez attentivement le texte suivant, puis répondez aux questions qui permettent de préparer le résumé.

*C*e qui caractérise aussi notre époque, ce n'est pas que les choses aillent plus mal qu'autrefois, c'est qu'on oublie combien la vie des travailleurs était alors précaire et malheureuse. La proportion des O.S.[1] se réduit année après année, à mesure que la machine peut faire le geste de l'homme. Croyez-vous que les grandes
5 fortifications style Vauban que l'on a répandues à profusion aux frontières de nos pays aient été édifiées sans une terrible contrainte ? Que les extractions, le transport des pierres, se soient effectués sans qu'une main-d'œuvre considérable ait versé sa sueur et son sang tout au long des siècles précédents ?

Se souvient-on des risques de famine, il n'y a pas si longtemps ? Nous avons de
10 la peine à nous mettre dans la peau des paysans d'Irlande qui, au milieu du siècle dernier, en 1846, se virent sans pommes de terre. Ils eurent faim, la société n'était

pas organisée pour leur porter un secours efficace, ou du moins ne l'a pas fait à temps. Alors les uns moururent, les autres s'expatrièrent aux États-Unis. Combien moururent ? Plus d'un million, c'est-à-dire une large proportion de la population.

15 Se souvient-on également que les travailleurs de l'industrie n'avaient pas de congés il y a quarante ans ? Peut-on encore envisager une vie de travail sans congés avec en plus les risques de licenciement, les conditions très pénibles de certains ateliers, alors que nous avons nos congés, nos vacances, qui ne cessent de croître de décennie en décennie ? Quarante ans, ce n'est pas si loin, j'étais alors jeune 20 ingénieur et j'allais à Bezons dans une usine où l'on fabriquait des câbles sous-marins à la gutta-percha[2]. Le bruit, l'odeur et la chaleur se conjuguaient pour rendre l'atmosphère effroyable.

Comme nous sommes favorisés d'avoir de la nourriture variée, à notre gré, de pouvoir être assurés de n'en pas manquer quelles que soient les conditions 25 alimentaires de l'année, de pouvoir conserver nos aliments, les maintenir constamment frais, d'avoir même, avec les surgélateurs, une possibilité de garder indéfiniment les viandes et les conserves qui affluent de tous les coins du monde. Et combien notre sort a changé depuis cinquante ans dans le domaine de la santé !

Aujourd'hui 80 % des maladies ont pratiquement disparu dans nos régions ; la 30 plupart des grands fléaux, la peste, le typhus, le choléra, la typhoïde, tout ce qui décimait nos populations et suscitait tant de scènes de douleur et d'horreur est rayé de notre attention. Tout cela, qu'on n'a pas vécu, on l'oublie, tout comme on oublie les souffrances et les peines de guerres.

J'entendais en mai 68 les étudiants, garçons et filles, traiter la police de SS et 35 cela me choquait terriblement. Les vrais SS, ces jeunes n'en ont aucune idée. Il aurait fallu les voir insulter les SS qui parcouraient Paris en 1943, leur sort eût été vite réglé par quelques rafales ou un petit séjour à Fresnes suivi de la déportation aboutissant souvent à la chambre à gaz.

Mais à quoi bon parler du passé ? A quoi sert de montrer la chance que nous 40 possédons actuellement par comparaison avec les années qui sont derrière nous ? L'expérience personnelle est intransmissible. Celui qui utilise ces arguments apparaît comme un moralisateur ennuyeux. Il faut prendre les choses et les hommes hic et nunc[3]. Voyons le moment présent, le moment où la science et les techniques qui en découlent sont capables de faire des merveilles, de guérir, d'aider 45 l'homme à cultiver, à fabriquer, à vivre.

Mais là je me pose la question : allons-nous vers une civilisation nouvelle, plus personnalisée, où chacun pourra acquérir les objets qui lui conviennent et qui seront légèrement différents de ceux qui conviennent aux voisins ou, au contraire, sommes-nous engagés dans un processus de dégénérescence[4] au bout duquel notre 50 société se détruira d'elle-même par excès de richesses ? L'excès de biens est malsain, le luxe n'est pas un stimulant. On a vu des civilisations sombrer par excès de facilité.

L. LEPRINCE-RINGUET, Science et bonheur des hommes.

1. Repérer et traiter les exemples

1. Quels sont les deux exemples contenus dans le premier paragraphe ? Faut-il les supprimer ? les conserver sous une expression globale ?

2. Le deuxième paragraphe est construit sur un exemple historique. Faut-il le supprimer ?

3. Repérez dans le texte un exemple relatif à la vie professionnelle de l'auteur, l'exemple d'une situation historique qu'il a lui-même observée, une série d'exemples constituant une énumération. Parmi ces exemples, lesquels peut-on conserver, lesquels faut-il supprimer ?

2. Repérer le système de l'énonciation

1. L'auteur s'adresse à un (ou à plusieurs) interlocuteur. A quoi le voit-on ? Dans quelle partie du texte ?

2. A plusieurs reprises l'auteur utilise la première personne du singulier. Dans quelles phrases ? Faut-il conserver cette première personne dans le résumé ?

3. L'auteur utilise également deux pronoms personnels désignant un groupe dans lequel il s'inclut. Quels sont ces deux pronoms personnels ? Où figurent-ils dans le texte ? Faut-il les conserver dans le résumé ?

3. Repérer les liens logiques et les réseaux lexicaux

1. Observez le début des paragraphes 2 et 3. Que remarquez-vous ?

2. Montrez comment s'enchaînent les paragraphes 4, 5, 6, 7, 8 : existe-t-il des liens logiques visibles entre ces paragraphes ? Sur quel mot ou sur quelle idée chacun d'entre eux s'articule-t-il au paragraphe précédent ?

3. Le texte est construit autour d'une idée essentielle, qui est la difficulté de se souvenir. Retrouvez tous les termes qui se rattachent à cette idée.

4. Repérer les idées essentielles du texte

Voici une série de phrases reprenant les différents paragraphes du texte. Vous paraissent-elles correspondre au contenu de chaque paragraphe ?

---

1. *O.S.* : ce mot, qui signifie littéralement « ouvrier spécialisé », désigne en fait une catégorie d'ouvriers sans qualification professionnelle précise.
2. *Gutta-percha* : sorte de gomme, utilisée comme isolant électrique.
3. *Hic et nunc* : expression latine qui signifie « ici et maintenant ».
4. Expression à expliquer dans le contexte (solution p. 94).

Il a toujours été difficile de construire des fortifications – Il est difficile de se représenter les grandes famines qui tuèrent de nombreux Irlandais – Les usines de Bezons étaient insalubres – Les congélateurs sont très perfectionnés – Un très fort pourcentage d'épidémies ont disparu, mais on l'oublie, comme on oublie la guerre – Les étudiants de 68 n'avaient aucune idée de ce qu'étaient les SS auxquels ils comparaient les CRS – Il faut vivre avec son temps – Certaines civilisations ont disparu.

5. Résumer

En tenant compte des réponses aux questions précédentes, faites le résumé de ce texte en 170 mots ± 10 %.

TEXTE 4

Voici un autre texte. Lisez-le attentivement puis répondez aux questions qui permettent de préparer le résumé.

L'un des plus grands débats philosophiques de l'histoire a porté sur la question de la fin et des moyens[1]. Et il s'est toujours trouvé des gens pour prétendre que la fin justifie les moyens, que les moyens, au fond, sont sans importance, l'essentiel étant d'atteindre le but fixé.

C'est pourquoi, disent-ils, si vous cherchez à bâtir une société juste, l'important est d'aboutir, et les moyens n'importent guère. Choisissez n'importe quel moyen pourvu que vous atteigniez votre but : ils peuvent être violents, ils peuvent être malhonnêtes, ils peuvent même être injustes. Qu'importe, si le but est juste ! Oui, tout au long de l'histoire, il s'est trouvé des gens pour argumenter ainsi. Mais nous n'aurons pas la paix dans le monde avant que les hommes aient partout reconnu que la fin ne peut être dissociée des moyens parce que les moyens représentent l'idéal qui se forme, et la fin l'idéal qui s'accomplit. En définitive, on ne peut atteindre des buts justes par des moyens mauvais, parce que les moyens représentent la semence, et la fin représente l'arbre.

Il est étrange de constater que les plus grands génies militaires du monde ont tous parlé de la paix. Les conquérants de l'Antiquité qui se livraient à des théories dans le but d'aboutir à la paix, Alexandre, Jules César, Charlemagne et Napoléon, recherchaient tous un ordre mondial pacifique. Si vous lisez de près Mein Kampf, *vous découvrirez que Hitler affirmait que tout ce qu'il faisait pour l'Allemagne avait la paix pour objet. Et aujourd'hui les responsables du monde parlent éloquemment de la paix. Chaque fois que nous larguons des bombes sur le Nord-Vietnam, le président Johnson[2] parle éloquemment de la paix. Comment expliquer ce paradoxe ? C'est qu'ils parlent de la paix comme d'un but lointain,*

comme d'une fin que nous visons, mais un jour il faudra comprendre que la paix
25 n'est pas seulement un but lointain que nous nous fixons, mais un moyen qui nous
permet d'arriver à ce but, nous devons nous fixer des buts pacifiques par des
moyens pacifiques. Tout cela pour dire qu'en fin de compte moyens et buts doivent
être cohérents, parce que le but préexiste dans les moyens et parce que les moyens
destructeurs ne peuvent aboutir à des fins constructives.

30 (...) J'ai vu trop de haine pour vouloir haïr moi-même, j'ai vu la haine sur le
visage de trop de shérifs, de trop de meneurs blancs, de trop de membres du
Ku-Klux-Klan dans le Sud, pour vouloir haïr moi-même ; et chaque fois que je vois
cette haine, je me dis au-dedans de moi : la haine est un fardeau trop lourd à porter.
Nous devons être capables de nous dresser contre nos adversaires les plus acharnés
35 et de leur dire : « Nous répondrons à votre capacité d'infliger des souffrances par
notre capacité de supporter la souffrance. A votre force matérielle nous oppose-
rons la force de notre âme. Faites de nous tout ce que vous voudrez, et nous vous
aimerons encore. En conscience, nous ne pouvons ni obéir à vos lois injustes, ni
respecter votre système injuste, car la non-coopération avec le mal est une
40 obligation au même titre que la coopération avec le bien. Jetez-nous donc en
prison, et nous vous aimerons encore. Bombardez nos foyers et menacez nos
enfants, et aussi difficile que cela puisse paraître, nous vous aimerons encore.
Envoyez vos policiers casqués, à minuit, dans nos quartiers, entraînez-nous sur une
route écartée pour nous laisser à demi morts sous vos coups, et nous vous aimerons
45 encore. Envoyez vos propagandistes dans le pays tout entier et publiez partout que
nous ne sommes pas mûrs, au point de vue culturel ou autrement, pour l'intégra-
tion. Mais soyez sûrs que nous vous aurons à l'usure par notre capacité de
souffrance. Un jour, nous finirons par conquérir notre liberté. Et ce n'est pas
seulement pour nous que nous conquerrons cette liberté, mais nous ferons tellement
50 appel à votre cœur et à votre conscience que nous vous conquerrons aussi, et que
notre victoire sera une double victoire. »

Martin LUTHER KING, *Révolution non violente*, Payot.

1. Repérer et traiter les exemples

Le texte comporte une série d'exemples historiques. Où se trouvent-ils ? Quels
sont-ils ? Quelle(s) solution(s) proposez-vous pour le résumé ?

2. Le problème du style direct

Le texte comporte un long passage de discours au style direct. Qui est l'auteur
de ce discours ? Est-il différent de l'auteur du texte ? Comment peut-on rendre
ce style direct dans le résumé ?

1. Expression à expliquer dans le contexte (solution p. 94).
2. Le texte date de Noël 1967. Martin Luther King, pasteur luthérien, apôtre de la non-violence, prix Nobel de
la Paix en 1964, est mort assassiné le 4 avril 1968 à l'âge de 39 ans.

3. Repérer et respecter le système de l'énonciation

■■■ **1.** A qui appartiennent, dans le texte, les affirmations suivantes ?
– *La fin justifie les moyens.*
– *L'important est d'aboutir et les moyens n'importent guère.*
– *On ne peut atteindre des buts justes par des moyens mauvais.*
■■■ **2.** Quels sont les mots ou expressions qui soulignent à qui appartiennent les différents points de vue énoncés ?

4. Repérer les articulations logiques et les réseaux lexicaux

■■■ **1.** Par quelle expression le paragraphe 2 s'articule-t-il au paragraphe 1 ? Quel est le sens de ce lien logique ?
■■■ **2.** Le paragraphe 2 comporte une articulation logique forte. Laquelle ? Qu'oppose-t-elle ?
■■■ **3.** Le paragraphe 3 met en évidence un *paradoxe* (l. 23). Quel est ce paradoxe ? En quoi rejoint-il le problème général de la fin et des moyens ?
■■■ **4.** Retrouvez dans le texte les différentes utilisations des termes *fin* et *moyens*. Comment le discours au style direct qui termine le texte reprend-il l'idée de la *fin* et des *moyens* ?

5. Résumer

En vous aidant des réponses apportées aux questions précédentes, résumez le texte en 180 mots ± 10 %.

M É T H O D E

■■■ Conservez les exemples qui jouent le rôle d'une **idée**, d'un **argument** ; supprimez ceux qui ne servent qu'à reprendre une idée déjà exprimée et à l'illustrer.

■■■ Si vous trouvez une phrase au style direct, modifiez-la pour la résumer et pour la transformer en style indirect.

6. Comment comprendre les textes non contemporains ?

Certains textes donnés à résumer ont été écrits au XVIIIᵉ ou au XIXᵉ siècle. Leur appartenance à une époque non contemporaine a pour conséquence deux difficultés dont il faut être conscient :

— le **vocabulaire** et les tournures de phrases ne sont pas ceux de la langue du XXᵉ siècle ;

— les textes peuvent faire référence à un **contexte socioculturel et historique** peu ou mal connu.

Voici trois paragraphes représentatifs des difficultés qui viennent d'être signalées. Lisez-les attentivement et répondez aux questions posées. Les réponses sont données juste après.

T E X T E   1

*C'*est le peuple qui compose le genre humain ; ce qui n'est pas peuple est si peu de chose que ce n'est pas la peine de le compter. L'homme est le même dans tous les états : si cela est, les états les plus nombreux méritent le plus de respect. Devant celui qui pense, toutes les distinctions civiles disparaissent : il voit les mêmes passions, les
5 mêmes sentiments dans le goujat et dans l'homme illustre ; il n'y discerne que leur langage, qu'un coloris plus ou moins apprêté ; et si quelque différence essentielle les distingue, elle est au préjudice des plus dissimulés. Le peuple se montre tel qu'il est, et n'est pas aimable : mais il faut bien que les gens du monde se déguisent ; s'ils se montraient tels qu'ils sont, ils feraient horreur.*

J.-J. ROUSSEAU, *Émile* (Livre IV), 1762.

Quel sens attribuez-vous aux mots *états* à la ligne 3 et *goujat* à la ligne 5 ?
Pourquoi est-il important de bien reconnaître le sens de ces mots ?

T E X T E   2

*L*orsque le goût des jouissances matérielles se développe chez un de ces peuples plus
rapidement que les lumières et que les habitudes de la liberté, il vient un moment
où les hommes sont emportés et comme hors d'eux-mêmes, à la vue de ces biens nouveaux
qu'ils sont prêts à saisir. Préoccupés du seul soin de faire fortune, ils n'aperçoivent plus
5 le lien étroit qui unit la fortune particulière de chacun d'eux à la prospérité de tous. Il n'est
pas besoin d'arracher à de tels citoyens les droits qu'ils possèdent ; ils les laissent
volontiers échapper eux-mêmes. L'exercice de leurs devoirs politiques leur paraît un
contretemps fâcheux qui les distrait de leur industrie.

A. de TOCQUEVILLE, *De la démocratie en Amérique* (Tome II), 1840.

Quel sens donnez-vous au mot *industrie* à la ligne 8 ?

T E X T E   3

*O*n a faussé en ces derniers temps l'enseignement et l'étude de la littérature. On l'a
prise pour matière de programme, qu'il faut avoir parcourue, effleurée, dévorée,
tant bien que mal, le plus vite possible, pour n'être pas « collé » : quitte ensuite, comme
pour tout le reste, à n'y songer de la vie. Ainsi, voulant tout enseigner et tout apprendre,
5 absolument tout, n'admettant aucune ignorance partielle, on aboutit à un savoir littéral
sans vertu littéraire. La littérature se réduit à une sèche collection de faits et de formules,
propres à dégoûter les jeunes esprits des œuvres qu'elles expriment.
    Cette erreur pédagogique dépend d'une autre, plus profonde et plus générale. Par une
funeste superstition, dont la science elle-même et les savants ne sont pas responsables, on
10 a voulu imposer la forme scientifique à la littérature : on est venu à n'y estimer que le
savoir positif.

G. LANSON, *Histoire de la littérature française* (Avant-propos), 1894.

■■■ **1.** Pourquoi est-il important, pour comprendre la première phrase de ce
texte, de connaître la date de sa publication ?
■■■ **2.** A la ligne 11, l'auteur fait allusion à un *savoir positif*. Quel sens
donnez-vous à cette expression ?

Réponses

T E X T E   1

1. A la ligne 3, le mot *états* signifie *métiers, professions*. C'est un sens très fréquent au XVIII⁰ siècle, plus rare à notre époque. Il ne faut pas donner à ce mot, dans ce texte, le sens de *nation, pays* : ce serait un contresens.

2. A la ligne 5, le mot *goujat* signifie *homme de basse condition* (le sens exact est même *valet d'armée*) et non, comme de nos jours, *grossier personnage* avec une connotation péjorative.

Il est important de savoir reconnaître le sens spécifique de ces termes pour éviter les contresens.

T E X T E   2

Dans le texte de Tocqueville, le terme *industrie* signifie *activité, travail*. Le mot n'a pas le sens actuel de *traitement des matières premières et fabrication par des machines*. Là encore, confondre les deux sens conduirait au contresens.

T E X T E   3

1. Dans la première phrase du texte de G. Lanson, on trouve l'indication temporelle *en ces derniers temps*. Il est important de connaître la date de publication de l'œuvre pour éviter de situer cette réflexion sur la littérature dans les années 1970-1980.

2. A la ligne 11, l'auteur parle du *savoir positif*. Cette expression fait référence à un mouvement de pensée du XIX⁰ siècle, le Positivisme. Ce mouvement était caractérisé par une très grande confiance accordée à la science, considérée comme seule capable de trouver des solutions à tous les problèmes économiques et sociaux. Si l'on ne connaît pas cette référence culturelle et historique, on risque de mal comprendre le texte.

Exercices

T E X T E   1

Lisez attentivement le texte suivant, puis répondez aux questions qui permettent de préparer le résumé.

Tant que les hommes se contentèrent de leurs cabanes rustiques, tant qu'ils se bornèrent à coudre leurs habits de peaux avec des épines ou des arêtes, à se parer de plumes et de coquillages, à se peindre le corps de diverses couleurs, à perfectionner ou

embellir leurs arcs et leurs flèches, à tailler avec des pierres tranchantes quelques canots
de pêcheurs ou quelques grossiers instruments de musique ; en un mot, tant qu'ils ne
s'appliquèrent qu'à des ouvrages qu'un seul pouvait faire, et qu'à des arts qui n'avaient
pas besoin du concours de plusieurs mains, ils vécurent libres, sains, bons et heureux
autant qu'ils pouvaient l'être par leur nature, et continuèrent à jouir entre eux des
douceurs d'un commerce indépendant. Mais, dès l'instant qu'un homme eut besoin du
secours d'un autre, dès qu'on s'aperçut qu'il était utile à un seul d'avoir des provisions pour
deux, l'égalité disparut, la propriété s'introduisit, le travail devint nécessaire, et les vastes
forêts se changèrent en des campagnes riantes qu'il fallut arroser de la sueur des hommes,
et dans lesquelles on vit bientôt l'esclavage et la misère germer et croître avec les
moissons.

La métallurgie et l'agriculture furent les deux arts dont l'invention produisit cette
grande révolution. Pour le poète, c'est l'or et l'argent ; mais pour le philosophe, ce sont
le fer et le blé qui ont civilisé les hommes et perdu le genre humain. Aussi l'un et l'autre
étaient-ils inconnus aux sauvages de l'Amérique, qui pour cela sont toujours demeurés
tels ; les autres peuples semblent même être restés barbares tant qu'ils ont pratiqué l'un
de ces arts sans l'autre. Et l'une des meilleures raisons peut-être pourquoi l'Europe a été,
sinon plus tôt, du moins plus constamment et mieux policée que les autres parties du
monde, c'est qu'elle est à la fois la plus abondante en fer et la plus fertile en blé.

Il est très difficile de conjecturer comment les hommes sont parvenus à connaître et
employer le fer ; car il n'est pas croyable qu'ils aient imaginé d'eux-mêmes de tirer la
matière de la mine, et de lui donner les préparations nécessaires pour la mettre en fusion,
avant que de savoir ce qui en résulterait. D'un autre côté, on peut d'autant moins attribuer
cette découverte à quelque incendie accidentel, que les mines ne se forment que dans les
lieux arides et dénués d'arbres et de plantes ; de sorte qu'on dirait que la nature avait pris
des précautions pour nous dérober ce fatal secret. Il ne reste donc que la circonstance
extraordinaire de quelque volcan qui, vomissant des matières métalliques en fusion, aura
donné aux observateurs l'idée d'imiter cette opération de la nature. Encore faut-il leur
supposer bien du courage et de la prévoyance pour entreprendre un travail aussi pénible,
et envisager d'aussi loin les avantages qu'ils en pouvaient retirer : ce qui ne convient guère
qu'à des esprits déjà plus exercés que ceux-ci ne le devaient être.

Quant à l'agriculture le principe en fut connu longtemps avant que la pratique en fût
établie, et il n'est guère possible que les hommes, sans cesse occupés à tirer leur
subsistance des arbres et des plantes, n'eussent assez promptement l'idée des voies que la
nature emploie pour la génération des végétaux. Mais leur industrie ne se tourna
probablement que fort tard de ce côté-là...

J.-J. ROUSSEAU, *Discours sur l'origine de l'inégalité parmi les hommes*, 1755.

1. Repérer et élucider les difficultés lexicales

Quel est le sens des termes *commerce* (l. 9), *arts* (l. 15), *révolution* (l. 16), *policée* (l. 21), *industrie* (l. 38) ?

2. Résoudre le problème des énumérations du texte

Le premier paragraphe comporte plusieurs énumérations. Repérez-les puis trouvez des formulations englobantes pour regrouper les termes.

3. Repérer les articulations logiques du texte

1. Montrez que le premier paragraphe est construit à la fois sur une opposition et sur une évolution chronologique.

2. Comment se fait la transition entre le paragraphe 1 et le paragraphe 2 ? Précisez quel terme reprend l'idée qui termine le paragraphe 1.

3. Sur quelles notions identiques s'ouvre et se ferme le paragraphe 2 ?

4. En quoi les paragraphes 3 et 4 constituent-ils le développement et l'illustration des deux notions annoncées dans le paragraphe 2 ?

4. Repérer les idées essentielles du texte

Voici une reformulation des idées essentielles du texte mais elle n'est pas complète et ne suit pas l'ordre du texte. A vous de repérer les oublis et de remettre les idées dans l'ordre.

– *Cette transformation est due au travail des métaux et de la terre, dont la double connaissance est source d'évolution. On le voit à l'exemple de l'Europe, dont la civilisation s'explique par une double richesse en fer et en blé.*

– *Aussi longtemps que les hommes vécurent en agissant individuellement aussi bien pour leur nourriture que pour leur habitat ou leur parure, ils vécurent dans la liberté et le bonheur.*

– *Le processus de la maîtrise du fer reste mystérieux : ce n'est sans doute pas la découverte des mines, ni un incendie accidentel. Seule, l'hypothèse d'une éruption volcanique observée et reproduite pourrait expliquer la naissance de la métallurgie. Mais cela nécessitait certainement un courage et une perspicacité hors normes.*

5. Résumer

A l'aide des réponses données aux questions précédentes, faites le résumé de ce texte en 150 mots ± 10 %.

Le texte suivant a été publié en 1804. Lisez-le attentivement, puis répondez aux questions qui permettent de préparer le résumé.

*L*es esprits géométriques sont souvent faux dans le train ordinaire de la vie ; mais cela vient même de leur extrême justesse. Ils veulent trouver partout des vérités absolues, tandis qu'en morale et en politique les vérités sont relatives. Il est rigoureusement vrai que deux et deux font quatre ; mais il n'est pas de la même évidence qu'une
5 bonne loi à Athènes soit une bonne loi à Paris. Il est de fait que la liberté est une chose excellente : d'après cela, faut-il verser des torrents de sang pour l'établir chez un peuple, en tel degré que ce peuple ne la comporte pas ?

En mathématiques on ne doit regarder que le principe, en morale que la conséquence. L'une est une vérité simple, l'autre une vérité complexe. D'ailleurs, rien ne dérange le
10 compas du géomètre, et tout dérange le cœur du philosophe. Quand l'instrument du second sera aussi sûr que celui du premier, nous pourrons espérer de connaître le fond des choses : jusque-là il faut compter sur des erreurs. Celui qui voudrait porter la rigidité géométrique dans les rapports sociaux, deviendrait le plus stupide ou le plus méchant des hommes.

Les mathématiques, d'ailleurs, loin de prouver l'étendue de l'esprit dans la plupart des
15 hommes qui les emploient, doivent être considérées, au contraire, comme l'appui de leur faiblesse, comme le supplément de leur insuffisante capacité, comme une méthode d'abréviation propre à classer des résultats dans une tête incapable d'y arriver d'elle-même. Elles ne sont en effet que des signes généraux d'idées qui nous épargnent la peine d'en avoir, des étiquettes numériques d'un trésor que l'on n'a pas compté, des instruments
20 avec lesquels on opère, et non les choses sur lesquelles on agit. Supposons qu'une pensée soit représentée par A et une autre par B : quelle prodigieuse différence n'y aurait-il pas entre l'homme qui développera ces deux pensées, dans leurs divers rapports moraux, politiques et religieux, et l'homme qui, la plume à la main, multipliera patiemment son A et son B en trouvant des combinaisons curieuses, mais sans avoir autre chose devant
25 l'esprit que les propriétés de deux lettres stériles ?

Mais si, exclusivement à toute autre science, vous endoctrinez un enfant dans cette science qui donne peu d'idées, vous courez les risques de tarir la source des idées mêmes de cet enfant, de gâter le plus beau naturel, d'éteindre l'imagination la plus féconde, de rétrécir l'entendement le plus vaste. Vous remplissez cette jeune tête d'un fracas de
30 nombres et de figures qui ne lui représentent rien du tout ; vous l'accoutumez à se satisfaire d'une somme donnée, à ne marcher qu'à l'aide d'une théorie, à ne faire jamais usage de ses forces, à soulager sa mémoire et sa pensée par des opérations artificielles, à ne connaître, et finalement à n'aimer que ces principes rigoureux et ces vérités absolues qui bouleversent la société.

35 On a dit que les mathématiques servent à rectifier dans la jeunesse les erreurs du raisonnement. Mais on a répondu très ingénieusement et très solidement à la fois, que pour classer des idées, il fallait premièrement en avoir ; que prétendre arranger l'entendement d'un enfant, c'était vouloir arranger une chambre vide. Donnez-lui d'abord des

notions claires de ses devoirs moraux et religieux ; enseignez-lui les lettres humaines et
40 *divines : ensuite, quand vous aurez donné les soins nécessaires à l'éducation du cœur de*
votre élève, quand son cerveau sera suffisamment rempli d'objets de comparaison et de
principes certains, mettez-y de l'ordre, si vous le voulez, avec la géométrie.

En outre, est-il bien vrai que l'étude des mathématiques soit si nécessaire dans la vie ?
S'il faut des magistrats, des ministres, des classes civiles et religieuses, que font à leur état
45 *les propriétés d'un cercle ou d'un triangle ? On ne veut plus, dit-on, que des choses*
positives. Hé, grand Dieu ! qu'y a-t-il de moins positif que les sciences, dont les systèmes
changent plusieurs fois par siècle ?

CHATEAUBRIAND, Le génie du christianisme (IIIe partie, livre II, chap. 1), 1804.

1. Repérer les difficultés lexicales du texte

Donner le sens des mots ou expression : *esprits géométriques* (l. 1), *géomètre* (l. 10), *lettres* (l. 39), *état* (l. 44).

2. Identifier le système de l'énonciation du texte

■■■ **1.** A quel moment l'auteur s'adresse-t-il à un interlocuteur ? Par quel pronom personnel celui-ci est-il représenté ?

■■■ **2.** A qui appartiennent les points de vue suivants ?

– *Les mathématiques servent à rectifier dans la jeunesse les erreurs de raisonnement.*

– *Prétendre arranger l'entendement d'un enfant, c'était vouloir arranger une chambre vide.*

– *Est-il bien vrai que l'étude des mathématiques soit si nécessaire dans la vie ?*

3. Repérer les idées essentielles

Les phrases suivantes vous paraissent-elles rendre les idées essentielles de chaque paragraphe ?

§ 1. *Les mathématiciens ont tendance à se tromper dans la vie courante parce qu'ils recherchent l'absolu.*

§ 2. *Les mathématiques et la morale s'opposent parce que s'opposent la simplicité des unes et la complexité de l'autre. Il faudrait une alliance des deux pour éviter les erreurs.*

§ 3. *Les mathématiques ne sont qu'un instrument illustrant la faiblesse de l'esprit.*

§ 4. *Avec les mathématiques, vous faites des têtes remplies de signes.*

§ 5. *Les mathématiques, a-t-on dit, corrigent les erreurs de logique. Mais encore faut-il avoir de quoi raisonner.*

§ 6. *Les magistrats n'ont pas besoin de savoir ce qu'est un triangle.*

4. Résumer

En utilisant les réponses données aux questions précédentes, résumez le texte en 175 mots ± 10 %.

TEXTE 3

Voici un autre texte, écrit au XIXe siècle. Lisez-le attentivement, puis répondez aux questions qui permettent de préparer le résumé.

*L*entement, depuis vingt ans, le surnaturel est sorti de nos âmes. Il s'est évaporé comme s'évapore un parfum quand la bouteille est débouchée. En portant l'orifice aux narines et en aspirant longtemps, longtemps, on retrouve à peine une vague senteur. C'est fini.

5 *Nos petits-enfants s'étonneront des croyances naïves de leurs pères à des choses si ridicules et si invraisemblables. Ils ne sauront jamais ce qu'était autrefois, la nuit, la peur du mystérieux, la peur du surnaturel. C'est à peine si quelques centaines d'hommes s'acharnent encore à croire aux visites des esprits, aux influences de certains êtres ou de certaines choses, au somnambulisme lucide, à tout le charlatanisme des spirites. C'est fini.*

10 *Notre pauvre esprit inquiet, impuissant, borné, effaré par tout effet dont il ne saisissait par la cause, épouvanté par le spectacle incessant et incompréhensible du monde, a tremblé pendant des siècles sous des croyances étranges et enfantines qui lui servaient à expliquer l'inconnu. Aujourd'hui, il devine qu'il s'est trompé, et il cherche à comprendre, sans savoir encore. Le premier pas, le grand pas est fait. Nous avons rejeté le mystérieux* 15 *qui n'est plus pour nous inexploré.*

Dans vingt ans, la peur de l'irréel n'existera plus même dans le peuple des champs. Il semble que la Création ait pris un autre aspect, une autre figure, une autre signification qu'autrefois. De là va certainement résulter la fin de la littérature fantastique.

Elle a eu, cette littérature, des périodes et des allures bien diverses, depuis le roman 20 *de chevalerie, les Mille et Une Nuits, les poèmes héroïques, jusqu'aux contes de fées et aux troublantes histoires d'Hoffmann et d'Edgar Poe.*

Quand l'homme croyait sans hésitation, les écrivains fantastiques ne prenaient point de précautions pour dérouler leurs surprenantes histoires. Ils entraient, du premier coup, dans l'impossible, et y demeuraient, variant à l'infini les combinaisons invraisemblables, 25 *les apparitions, toutes les ruses effrayantes pour enfanter l'épouvante.*

Mais, quand le doute eut pénétré enfin dans les esprits, l'art est devenu plus subtil. L'écrivain a cherché les nuances, a rôdé autour du surnaturel plutôt que d'y pénétrer. Il a trouvé des effets terribles en demeurant sur la limite du possible, en jetant les âmes dans l'hésitation, dans l'effarement. Le lecteur indécis ne savait plus, perdait pied comme en 30 *une eau dont le fond manque à tout instant, se raccrochait brusquement au réel pour s'enfoncer encore tout aussitôt, et se débattre de nouveau dans une confusion pénible et enfiévrante comme un cauchemar.*

L'extraordinaire puissance terrifiante d'Hoffmann et d'Edgar Poe vient de cette

habileté savante, de cette façon particulière de coudoyer le fantastique et de troubler, avec
35 *des faits naturels où reste pourtant quelque chose d'inexpliqué et de presque impossible.*

G. de MAUPASSANT, article publié dans *Le Gaulois*, 7 octobre 1883.

1. Comprendre les références culturelles et historiques du texte

Pourquoi est-il important de connaître la date de publication de l'article d'où est extrait ce texte ? Justifiez votre réponse en tenant compte de toutes les données temporelles du texte.

2. Repérer les réseaux lexicaux

1. Le texte est construit sur un réseau lexical dominant. Lequel ? Retrouvez les termes qui le composent.

2. Ce réseau lexical est associé, dans la deuxième moitié du texte, à un domaine littéraire. Quel est ce domaine ? Par quels termes et par quels exemples est-il développé dans le texte ?

3. Repérer les idées essentielles du texte

La succession des phrases suivantes rend-elle la totalité et l'ordre des idées essentielles du texte ?

– *Nous nous sommes laissé longtemps effrayer par l'inconnu. Nous reconnaissons maintenant notre erreur et refusons ce dont nous avons l'explication, même incomplète.*

– *La modification de l'image du monde, prévisible à court terme même dans les campagnes, va sans doute mettre fin à la littérature fantastique.*

– *En vingt ans, l'inexpliqué a disparu, définitivement.*

– *Cette littérature a pris des formes différentes du Moyen Age à nos jours. Mais avec l'apparition du scepticisme, le romancier a entraîné son lecteur dans un domaine d'incertitude et de déséquilibre, proche simultanément de la réalité et du mauvais rêve. C'est là la réussite de Poe et d'Hoffmann.*

4. Résumer

En utilisant les réponses données aux questions précédentes, résumez ce texte en 150 mots ± 10 %.

T E X T E   4

Lisez attentivement le texte suivant, écrit en 1894, puis répondez aux questions qui permettent de préparer le résumé.

*O*n a faussé en ces derniers temps l'enseignement et l'étude de la littérature. On l'a prise pour matière de programme, qu'il faut avoir parcourue, effleurée, dévorée, tant bien que mal, le plus vite possible, pour n'être pas « collé » : quitte ensuite, comme pour tout le reste, à n'y songer de la vie. Ainsi, voulant tout enseigner et tout apprendre,
5 absolument tout, n'admettant aucune ignorance partielle, on aboutit à un savoir littéral sans vertu littéraire. La littérature se réduit à une sèche collection de faits et de formules, propres à dégoûter les jeunes esprits des œuvres qu'elles expriment.

Cette erreur pédagogique dépend d'une autre, plus profonde et plus générale. Par une funeste superstition, dont la science elle-même et les savants ne sont pas responsables, on
10 a voulu imposer la forme scientifique à la littérature : on est venu à n'y estimer que le savoir positif. Il me fâche d'avoir à nommer ici Renan comme un des maîtres de l'erreur que je constate : il a écrit dans l'Avenir de la science *cette phrase où j'aimerais à ne voir qu'un enthousiasme irréfléchi de jeune homme, tout fraîchement initié aux recherches scientifiques : « L'étude de l'Histoire littéraire est destinée à remplacer en grande partie
15 la lecture directe des œuvres de l'esprit humain. »* Cette phrase est la négation même de la littérature. Elle ne la laisse subsister que comme une branche de l'histoire, histoire des mœurs, ou histoire des idées.

Mais pourtant, même alors, c'est aux œuvres mêmes, directement et immédiatement, qu'il faudrait se reporter, plutôt qu'aux résumés et aux manuels. On ne comprendrait pas
20 que l'histoire de l'art dispensât de regarder les tableaux et les statues. Pour la littérature comme pour l'art, on ne peut éliminer l'œuvre, dépositaire et révélatrice de l'individualité. Si la lecture des textes originaux n'est pas l'illustration perpétuelle et le but dernier de l'histoire littéraire, celle-ci ne procure plus qu'une connaissance stérile et sans valeur. Sous prétexte de progrès, l'on nous ramène aux pires insuffisances de la science du Moyen Age,
25 quand on ne connaissait plus que les sommes et les manuels. Aller au texte, rejeter la glose et le commentaire, voilà, ne l'oublions pas, par où la Renaissance fut excellente et efficace. (...)

En littérature, comme en art, on ne peut perdre de vue les œuvres, infiniment et indéfiniment réceptives et dont jamais personne ne peut affirmer avoir épuisé le contenu
30 ni fixé la formule. C'est dire que la littérature n'est pas objet de savoir : elle est exercice, goût, plaisir. On ne la sait pas, on ne l'apprend pas : on la pratique, on la cultive, on l'aime. Le mot le plus vrai qu'on ait dit sur elle, est celui de Descartes : la lecture des bons livres est comme une conversation qu'on aurait avec les plus honnêtes gens des siècles passés, et une conversation où ils ne nous livreraient que le meilleur de leurs pensées.
35 Les mathématiciens, comme j'en connais, que les lettres amusent, et qui vont au théâtre ou prennent un livre pour se récréer, sont plus dans le vrai que ces littérateurs, comme j'en connais aussi, qui ne lisent pas, mais dépouillent, et croient faire assez de convertir en fiches tout l'imprimé dont ils s'emparent. La littérature est destinée à nous fournir un plaisir, mais un plaisir intellectuel, attaché au jeu de nos facultés intellectuelles,
40 et dont ces facultés sortent fortifiées, assouplies, enrichies. Et ainsi la littérature est un instrument de culture intérieure : voilà son véritable office.

Elle a cette excellence supérieure, qu'elle habitue à prendre plaisir aux idées. Elle fait

que l'homme trouve dans un exercice de sa pensée, à la fois sa joie, son repos, son renouvellement. Elle délasse des besognes professionnelles, et elle élève l'esprit au-dessus
45 des savoirs, des intérêts, des préjugés professionnels ; elle « humanise » les spécialistes. Plus que jamais, en ce temps-ci, la trempe philosophique est nécessaire aux esprits : mais les études techniques de philosophie ne sont pas accessibles à tous. La littérature est, dans le plus noble sens du mot, une vulgarisation de la philosophie : c'est par elle que passent à travers nos sociétés tous les grands courants philosophiques, qui déterminent les progrès
50 ou du moins les changements sociaux.

G. Lanson, Histoire de la Littérature française (Avant-propos), 1894.

1. Comprendre les références culturelles et historiques du texte

1. Pourquoi est-il important, pour comprendre ce texte, de connaître la date de sa publication ? Justifiez votre réponse en prenant appui sur les allusions temporelles du texte.

2. A quel courant de pensée fait référence l'expression *savoir positif* (l. 11) ? Vous pouvez vous référer à la p. 67.

2. Repérer les citations et les exemples

1. Le texte comporte une citation. Repérez-la. Faut-il la supprimer ? Faut-il la conserver sans modification ? Faut-il l'intégrer au texte sous forme de style indirect ?

2. Faut-il garder l'exemple des *mathématiciens* ? le supprimer ? le modifier ?

3. Repérer les idées essentielles

Les phrases suivantes vous paraissent-elles rendre l'essentiel de chaque paragraphe ?

– *Dernièrement, on a cherché à tout apprendre et on a fini par dégoûter les jeunes.*

– *Renan est responsable de cette erreur. Il nie la littérature.*

– *Or c'est l'œuvre qui est essentielle et originale, non les commentaires ou les analyses, pratiques scolastiques dont la Renaissance nous a débarrassés.*

– *Nul ne peut prétendre connaître exhaustivement une œuvre.*

– *Je connais des mathématiciens qui aiment la littérature et que le théâtre distrait. Le rôle de la littérature est d'apporter une culture.*

– *La littérature est un divertissement qui permet de comprendre la philosophie.*

4. Résumer

En utilisant les réponses données aux questions précédentes, faites le résumé de ce texte en 180 mots ± 10 %.

■■■ Observez attentivement la date de publication de l'œuvre d'où est extrait le texte. Cela peut vous permettre d'éviter l'erreur des **anachronismes**.

■■■ N'oubliez pas que **le sens des mots évolue**.

■■■ Rappelez-vous qu'un texte se comprend et s'explique par le **milieu socioculturel** dans lequel il a été produit. De manière générale, soyez attentifs à toute information accompagnant le texte : **titre** du passage, **titre** de l'œuvre, **époque**.

CORRIGÉS

Chapitre 1

Exercices p. 5

A.1. Non. Dans le résumé, on ne **dit** pas ce qu'a voulu faire comprendre l'auteur, on se met à sa place. On prend la parole **à sa place** et l'on s'abstient de toute formulation du type : « L'auteur dit que... »

2. Non. L'**analyse** consiste à dire quelles sont les étapes du raisonnement. Le **résumé** consiste à réduire un texte en respectant ces étapes, sans les analyser.

3. Non. Compter les mots de chaque paragraphe et diviser par 4 est **absurde** : certains paragraphes seront résumés au quart, d'autres pas, surtout s'ils comportent des exemples qui peuvent être supprimés.

4. Oui : cette démarche correspond exactement au résumé.

5. Non. La définition de l'exercice précise bien que l'on **ne doit pas** reprendre les mots du texte, sauf lorsqu'il s'agit de termes pour lesquels on ne pourrait trouver que de **mauvais équivalents**.

6. Non. Supprimer systématiquement **tous** les exemples est dangereux : ceux qui jouent le rôle d'idées ou d'arguments sont à conserver. Ceux qui servent à illustrer doivent être supprimés (voir à ce sujet le chapitre 5).

B.1. Oui. Pour être certain de bien rendre l'évolution logique du texte, il est indispensable d'identifier les articulations logiques (voir à ce sujet le chapitre 4).

2. Non. Le résumé n'a rien à voir avec l'analyse stylistique d'un texte.

3. Oui. Le repérage des réseaux lexicaux permet de suivre l'évolution de la pensée (voir à ce sujet le chapitre 4).

4. Oui. C'est une condition essentielle de la compréhension du texte. D'ailleurs, le résumé est accompagné de deux questions de vocabulaire qui visent à vérifier que vous avez compris certaines expressions déterminantes.

5. Oui. Identifier **qui parle** et qui prend à son compte les points de vue énoncés dans le texte est primordial. Si vous ne repérez pas le système de l'énonciation, vous risquez de faire des contresens.

6. Non. Cette méthode est dangereuse. D'abord, l'emploi d'un synonyme pour un mot ne réduit pas le nombre de mots. Ensuite, vous risquez d'employer un terme dont le sens ne correspond pas au contexte et donc de commettre une erreur.

Exercices p. 6

1. La première phrase du résumé comporte deux erreurs. L'expression *en expansion* ne correspond pas à l'idée d'une *influence* grandissante. La deuxième erreur est plus grave. C'est un contresens : le texte dit en effet que la presse devient un *pouvoir* et le résumé dit qu'elle *n'a aucun pouvoir*. Dans le deuxième paragraphe, il y a un contresens du même genre. Le résumé dit que les journaux apportent *des calories culturelles*, alors que le texte dit que les lecteurs demandent un aliment qui **n'en comporte pas**. Le résumé ne rend pas l'idée que ce sont les lecteurs qui déterminent le contenu du journal par leurs goûts et par leur refus de l'effort intellectuel.
La dernière phrase du résumé rend les idées du texte mais en reprenant systématiquement les mots du texte, ce qui est une erreur *(suivre, opinion, nourritures sans consistance, naissance, presse à sensation)*.

Voici ce que pourrait être le résumé du texte :
La presse d'information constitue partout une force dont le développement suscite des inquiétudes sur le plan de la morale et de la pensée. L'opinion publique semble en danger.
Dans l'objectif de séduire, les journaux apportent à leurs lecteurs ce qu'ils souhaitent : une facilité culturellement affaiblissante. Naguère les journalistes se donnaient pour mission l'information et la formation du public. C'était difficile mais honora-

ble. Actuellement, une certaine presse se soumet au goût facile de l'opinion. Ainsi s'explique le journalisme de faits divers.

2. Premier paragraphe : il comporte de nombreuses fautes
Avant-guerre : pas de précision suffisante (quelle guerre ?) – La suite de la phrase ne correspond pas du tout à l'idée essentielle. Ce qui est important dans le texte est le constat du petit nombre de voyageurs (des privilégiés) par rapport à la masse des sédentaires (non privilégiés). Mettre l'accent sur la mort est une erreur. La phrase faisant référence aux pays exotiques est un contresens. Ce sont les Occidentaux qui sont allés vers les pays exotiques qui *s'offraient à leurs rêves* et non *s'offraient leurs rêves*. La fin du paragraphe ne comporte pas d'erreurs mais reprend les mots du texte.

Deuxième paragraphe : il constitue un résumé exact.

Troisième paragraphe : il constitue un résumé exact.

Quatrième paragraphe : il comporte de nombreuses erreurs.
Il manque le début du paragraphe avec l'étymologie du mot *vacances*. Ce début est important car il entraîne l'idée de *combler un vide*. Le résumé proposé laisse de côté l'hypothèse formulée par l'auteur : *on pourrait croire...* et son démenti. Il n'est dit nulle part dans le texte que les *organisateurs* aiment les enfants. Il est question des enfants par comparaison. L'expression *y perd ses responsabilités,* donnée dans le résumé, ne rend pas de manière efficace l'énumération dans laquelle il est dit que le voyageur subit le voyage de manière passive (emploi de nombreux participes passés passifs : *transporté, accompagné, animé, surveillé, voyagé*).

RAPPEL DES INSTRUCTIONS OFFICIELLES

I – Résumé
DÉFINITION
Le résumé suit le fil du développement. Il donne du texte, dans le même ordre, une version condensée mais fidèle. Il ne change pas le système de l'énonciation : il reformule le discours du texte initial sans prendre la distance (c'est-à-dire en s'abstenant d'indications telles que : « *L'auteur déclare que..., montre que...* »). Il s'interdit un montage de citations : le candidat exprime dans son propre langage les assertions du texte. Il peut cependant, lorsqu'il s'agit de mots clés, qu'il serait absurde de remplacer par de mauvais équivalents, reprendre les mots du texte et, par exception, citer entre guillemets une formule particulièrement significative.

ÉVALUATION
L'évaluation sera attentive à l'effort accompli pour rédiger avec correction et concision. Elle tiendra compte du respect des limites indiquées. Elle appréciera surtout dans le travail du candidat la compréhension du texte. Un bon résumé ne saurait être le résultat d'une opération mécanique de réduction. Il implique une lecture et une analyse intelligentes. Il transmet sans le fausser le contenu du texte initial. Il met en lumière les articulations de la pensée. Sous une forme réduite, il restitue dans sa force le sens du texte.

II – Vocabulaire
Quelques *questions de vocabulaire* permettent de vérifier sur des points précis la qualité de la lecture que le candidat a faite.
On lui demande d'expliquer le sens, dans le texte, de deux ou trois mots (ou expressions), choisis de préférence parmi ceux qui constituent des jalons importants de la lecture et en éclairent la signification.

B.O. du 27 juillet 1983.

Chapitre 2

Exercices p. 10

Texte 1 p. 9

1. *Repérer les idées essentielles*

1. Voici les idées essentielles à repérer : *l'utilisation du temps libre dépend de la façon de vivre. Le choix est libre mais correspond à des façons de faire assimilées.*

2. C'est la troisième reformulation qui rend le mieux l'essentiel du paragraphe.

3. Voici les idées essentielles du deuxième paragraphe :

les jeux existent dans toute société. Leur analyse fait ressortir que les sociétés industrielles ont des jeux télévisés qui reposent sur la compétition et sur le hasard, à l'image de leur fonctionnement : la compétition n'est pas juste, le hasard est important.

4. Dans la succession des idées données, il manque certaines idées importantes. La succession suivante les rétablit (elles sont soulignées) :
– *Il y a des jeux dans toute société. D'après les analyses, ils reposent souvent, dans les sociétés industrielles, sur la compétition et le hasard.*
– *Les jeux télévisés comportent les mêmes composantes, et cet assemblage est à l'image des fonctionnements économiques. Mais la concurrence n'est pas juste. Ceux qui jouent gagnent ou perdent selon le hasard.*

5. Même façon de procéder : les idées qui manquent sont soulignées.
– *Le sport est étroitement lié à la compétition mais il n'est pas tout à fait indépendant du hasard.*
– *Il permet de mettre en œuvre des qualités qui ont disparu de la vie sociale. Il remet en valeur l'utilisation du corps.*
– *Certains sports se pratiquent de façon très limitée, en restant dans certains pays. Le développement d'autres illustre une civilisation en expansion.*

2. *Reformuler*

– **Intériorisé :** *intégré, assimilé*
– **Coutume :** *habitude, usage, tradition*
– **Combinaison :** *assemblage, agencement*
– **Hiérarchie :** *organisation*
– **Expansion :** *développement*
– **Exalté :** *glorifié, célébré.*

Texte 2 p. 11

1. *Repérer les idées essentielles*

1. Voici la reconstitution de la succession des idées essentielles. Celles qui ont été oubliées sont soulignées.
– *Toute éducation est informative et initiatique.*
– *Sous l'Ancien Régime, l'éducation était essentiellement initiatique.*
– *Depuis le XVIIIe siècle et l'intervention de certains philosophes, l'initiation régresse. Les disciplines littéraires et les sciences humaines sont laissées de côté.*

– *Ce projet est doublement incohérent.*
– *Premièrement, toute éducation comporte une part gratuite et la culture est essentielle pour ceux qui auront un métier manuel.*
– *Ensuite, beaucoup de métiers se passent très bien des sciences. Ce sont tous ceux qui touchent à la qualité plus qu'à la quantité.*
– *Une formation uniquement mathématique entraînerait des désastres. Heureusement, on observe de violents refus de la part des élèves.*

2. *Reformuler*

1. – *Les langues anciennes et les sciences humaines ; les disciplines littéraires ; les humanités et les sciences humaines.*
– *Toutes les carrières de la communication et de la politique ; les métiers des relations humaines.*

2. *Toute éducation est informative et initiatique.*

3. *Toute éducation est informative et initiatique. Sous l'Ancien Régime, l'initiation dominait. Sa contestation par certains philosophes fait qu'actuellement elle régresse constamment, rejetant les sciences humaines au profit des sciences exactes. C'est une double erreur. Premièrement une éducation authentique comporte des éléments gratuits dont ont besoin ceux qui travaillent manuellement.*

Texte 3 p. 13

1. *Repérer les idées essentielles*

1er § : troisième reformulation
2e § : troisième reformulation
3e § : troisième reformulation
4e § : deuxième reformulation
5e § : troisième reformulation
La succession de ces reformulations donne le résumé du texte.

Texte 4 p. 15

1. *Repérer les idées essentielles*

1. Dans la succession des phrases données, il y a des oublis et des erreurs. Les idées oubliées sont rajoutées et soulignées. Des corrections sont données pour les phrases comportant des erreurs.
– *La représentation médiatique de la violence provoque la violence et accroît la peur qu'elle suscite, mais ne conduit pas à une meilleure compréhension.*

– Phrase a. correcte : elle rend la fin du paragraphe 1.
– La phrase b. comporte un contresens : elle dit exactement le contraire de ce que dit le texte. Il faut donc la modifier : *Mais l'existence en nous de pulsions violentes est plus importante que l'expression de la violence dans les médias.*
– La phrase c. comporte également un contresens. Le vrais sens est le suivant : *Les enfants ont un comportement qui représente celui des adultes. Ceux-ci aiment la violence, ce qui entraîne sa fréquence médiatique, et l'occasion, pour les jeunes, d'en voir beaucoup.*
– Le début du paragraphe 3 n'est pas donné. Il faut le reprendre : *ignorer la violence n'est pas une solution pour s'en préserver.*
– La phrase d. est partiellement correcte. Il faut la rectifier de cette façon :
La violence est indéniable. Nous l'avons en nous. Mais nous avons aussi la possibilité d'en contrebalancer la force. Encore faut-il connaître sa nature.
– Entre les phrases e. et f. il manque un élément : *En niant l'existence de la violence, nous nous dispensons de chercher des remèdes. Nous poussons à l'intériorisation de la violence. C'est pourquoi, gardant en eux leur violence, les gens trouvent un exutoire dans les spectacles que donnent les médias.*

2. Reformuler

1. Il y a peu de chose à reprendre dans les trois premières phrases. Les trois suivantes comportent des contresens.
La violence souvent représentée dans les médias suscite des crises de violence mais ne permet pas au spectateur de comprendre sa nature. Il nous faudrait apprendre à contrôler l'énergie de la violence pour la rendre plus efficace. Or notre éducation ne nous y conduit pas. Mais l'essentiel est l'existence de la violence en nous et non sa représentation. Les jeunes sont le reflet des comportements adultes. Si les adultes refusaient la violence, les médias ne donneraient pas autant l'occasion d'en voir.

2. Le texte qui précède correspond au résumé.

3. Fréquence : *répétition*
Fins : *buts, objectifs, résultats*
Tendance : *penchant, disposition*
Refouler : *réprimer, repousser*
Pulsions : *élans, instincts*
Satisfaction : *contentement*

Texte 5 p. 18

1. Repérer les idées essentielles

Il manque des idées. Elles sont soulignées.
– *Notre époque est celle de la culture de masse, qu'apportent les médias.*
– *Mais ces instruments sont des vecteurs, non des créateurs de culture, celle-ci prenant naissance ailleurs, dans les arts, les Lettres, la vie.*
– *La culture étant une adaptation au monde, les médias en sont le reflet, mais ce reflet ne suffit pas.*
– *La diffusion culturelle ne sert à rien sans préparation initiale.*
– *C'est pourquoi il faut admettre que la télévision a, culturellement, une influence qui porte sur la quantité, non sur la qualité : elle ne peut faire accéder à une culture plus riche.*
– *L'image est un instrument efficace, mais il faut la décrypter à l'aide de ce qui nous vient d'ailleurs.*
– *C'est l'explication d'une perpétuelle remise en cause.*
– *La télévision n'a en effet que deux solutions : ou bien un nivellement, qui prive l'élite, ou bien un choix élitiste, qui déçoit et humilie le public.*
– *Mais, dans les deux cas, la télévision fait référence à une culture.*
– *C'est pourquoi la télévision ne résout pas le problème de l'accès à la culture.*

2. Reformuler

1. Les mots clés du texte, difficilement remplaçables, sont les suivants : *télévision, audiovisuel, culture, public.*

2. Apprentissage : *expérimentation, formation*
Effet : *conséquence, résultat*
Appoint : *complément*
Compromis : *arrangement, accord*
Contestée : *critiquée*
Avènement : *arrivée*

3. Résumé 1 : il manque la phrase d'introduction et l'idée d'une alternative puis la solution proposée par l'auteur.
Résumé 2 : il reprend bien le texte, mais il reprend aussi, systématiquement, les mots du texte. Il n'est donc pas acceptable.
Résumé 3 : il manque la première phrase. Le lien logique est faux : il ne faut pas en effet donner un lien de conséquence (*c'est pourquoi*) mais un lien de cause (*en effet*). La solution n'est pas envisagée. Le dernier paragraphe est trop réduit.

Chapitre 3

Récapitulation

Les indices de l'énonciation peuvent être :
– Les pronoms personnels ou les éléments permettant de préciser que c'est la première ou la troisième personne qui parle (singulier ou pluriel). On a ainsi dans le premier texte *les hommes de notre époque*, émetteurs d'un premier point de vue et *nous*, émetteur d'un point de vue différent.
Ces pronoms personnels peuvent être remplacés par le nom précis de celui qui parle *(Freud, Roger Caillois)*.

– Les articulations logiques et les effets d'insistance qui permettent de faire comprendre qu'on passe d'un point de vue à un point de vue différent *(pour notre part, mais, pourtant...)*.

– Une tonalité différente, facilement ironique. Dans le texte 2, la manière de présenter la télématique, selon le point de vue des médias, est très élogieuse. On note en effet des connotations emphatiques *(louanges, merveilleuse, joie)* et l'utilisation des exclamations *(Quel gain de temps...)*.

Texte 1 p. 24

1. *Identifier le système de l'énonciation du texte*

1. Le texte est écrit à la première personne : *je, m',* l. 1, 2, 3, 4, 5, 6, 7, 15, 20.

2. L'auteur s'adresse à un interlocuteur à partir du 3ᵉ paragraphe : *tes drogues, tu, contre toi.* On peut déterminer qui est cet interlocuteur à partir du titre de l'œuvre. *Lettre ouverte au diable.* L'interlocuteur de R. Escarpit est *le Diable.*

2. *Respecter le système de l'énonciation*

Les erreurs du résumé proposé : la première phrase ne respecte pas l'énonciation du texte. Il n'est pas fait référence à Camus. L'interlocuteur n'apparaît pas. Dans l'avant-dernière phrase, en écrivant *D'après R. Escarpit...*, l'auteur du résumé prend de la distance par rapport au texte et contrevient ainsi aux règles du résumé.

Rectification avec correction des phrases incriminées :
Je n'abandonnerais pas aisément la colère, ce serait signe de maladie. Elle est un remède à l'absurde, comme le dit Camus, et à la vie d'enseignant, d'après moi. Je conserve mes lettres insultantes, pas toutes postées, mais génératrices, chacune, d'une modification bénéfique. Ces crises ne s'expliquent pas par tes ingrédients. Elles s'adressent plus encore aux institutions qu'à toi. Il faut avoir sa colère, qui rend libre. La mienne s'est déclenchée devant un emblème nazi. La difficulté est de contrôler la colère qui conduit à la violence. La violence exprime la colère mais l'éloquence l'affaiblit.

Texte 2 p. 25

1. *Repérer le système de l'énonciation du texte*

1. Le *vous* des lignes 3, 4, 5, 6 désigne les écrivains auxquels s'adresse, ironiquement, l'auteur du texte.

2. Le jugement dépréciatif porté sur les critiques commence à la ligne 3 : *Un critique qui ne parle pas de vous...* Il prend fin avec le deuxième paragraphe. Ce jugement est prêté aux écrivains.

3. Des points de vue différents apparaissent aux endroits suivants : début du troisième paragraphe *(On peut penser différemment...)*, intérieur du troisième paragraphe, début du sixième paragraphe. Il y en a quatre. Le premier est celui de l'auteur du texte. Le second est celui qui est attribué à Chardonne ; le troisième est celui qui est attribué à Paulhan. Le quatrième est celui de Bernard Pivot. L'auteur du texte reprend le discours à son compte à plusieurs reprises : au début du 3ᵉ paragraphe, puis dans le dernier paragraphe *(On couvrira d'éloges...)*.

2. *Respecter le système de l'énonciation*

Dans le résumé proposé, le *vous* n'apparaît pas. Tout est exprimé comme si l'auteur du texte prenait les critiques à son compte.

On peut réécrire le résumé de la façon suivante :
Les auteurs n'aiment pas les critiques qui présentent des livres dans la presse. Le critique qui vous oublie vous nie. Celui qui vous juge sévèrement est méprisable. Celui qui fait votre éloge remplit son rôle, mais mal. D'ailleurs le critique est un auteur manqué qui vit de la littérature sans en faire. Il est possible d'avoir un avis différent. D'après Chardonne, c'est par eux que vit la littérature et Paulhan affirme que grâce à eux l'auteur, être vulnérable, peut être sauvé. La littérature ne se limite pas à ceux qui surnagent d'eux-mêmes.

3. Repérer et exprimer les idées essentielles

Les idées oubliées sont ici rajoutées et soulignées.
– <u>Quand on aime les livres, on aime en parler.</u>
– Sans doute devient-on critique par passion des livres et par désir de faire connaître ceux qu'on aime.
– <u>Comment est-on conduit à écrire des critiques sévères sur certains livres ?</u>
– Il vaudrait mieux les délaisser mais certains triomphent tandis que ceux qu'on aime restent ignorés.
– <u>Face à des livres jugés nocifs, le critique défend alors sa conception de la littérature.</u>
– <u>Nous faisons référence ici à des critiques justes.</u>
– Être un critique juste implique des qualités d'autonomie. Or on leur reproche leur soumission au pouvoir et à l'argent.
– Bernard Pivot explique comment les critiques s'élèvent socialement : ils flattent ceux qui leur sont utiles, les membres d'un jury, qui ne perçoivent pas l'hypocrisie.

Texte 3 p. 28

1. Repérer le système de l'énonciation

1. L'auteur s'inscrit dans le groupe désigné par *nous*. On peut justifier ce point de vue en soulignant que l'auteur s'oppose à l'idée que les enseignants et les critiques n'ont pas à s'introduire entre les deux activités fondamentales qui sont l'écriture et la lecture. Il propose son point de vue au début du 2ᵉ paragraphe *(Je crois cette idée fausse...)* et argumente de nouveau au début du paragraphe suivant *(J'ajouterai une raison...)*.

2. L'auteur intervient personnellement à chaque fois qu'il dit *je*.

3. Les pronoms personnels représentatifs du système de l'énonciation sont les suivants :
Nous (l. 1) : auteur, oui.
On (l. 4) : auteur, non.
On (l. 9) : ensemble des lecteurs du journal, l'auteur se trouve parmi eux. Il a découvert l'idée énoncée, même s'il ne la partage pas.
On (l. 15) : auteur, non.
Nous (l. 18) : auteur, oui.

2. Respecter le système de l'énonciation

Le résumé proposé comporte plusieurs erreurs d'énonciation, en particulier la suppression du *je*. Voici un résumé sans faute d'énonciation :

Qu'est-ce qu'enseigner la littérature ? La littérature est faite, pensons-nous, de deux éléments complémentaires, similaires selon certains, l'écriture et la lecture. Entre eux, nul besoin d'intermédiaires faussant la lecture ! Récemment, l'acte d'enseigner la littérature était remis en cause. Depuis, Sartre a affirmé l'impossibilité d'expliquer un texte. Pourquoi mettre un interprète entre le lecteur et l'écrivain ?
Pour moi cette conception est fausse. Elle implique que l'auteur puisse toucher ses lecteurs par une sorte de miracle. Or un auteur appartient à un contexte socioculturel, inscrit dans une continuité historique et littéraire. Analyser cette appartenance justifie qu'on enseigne la littérature.

3. Repérer les idées essentielles

Le troisième paragraphe est ici complet. Les oublis ont été rajoutés et soulignés.
Il y a selon moi une autre raison. <u>La littérature des dernières décennies analyse ses propres démarches.</u> Cette littérature qui explore est peu accessible et nécessite des bases culturelles. <u>Or, de manière surprenante, les étudiants ne les possèdent pas.</u> Ils se tourneraient davantage vers les contemporains avec une initiation à la lecture de ces textes. <u>Les écrivains eux-mêmes ont besoin de joindre leurs lecteurs. Sinon</u> ils écriront pour des spécialistes et la littérature manquera son but : favoriser la communication entre tous.

Texte 4 p. 30

1. Repérer le système de l'énonciation

Affirmation a. : des étudiants.
Affirmation b. : des militantes de mouvements féministes.
Affirmation c. : l'historien.
Affirmation d. : l'auteur du texte.
Affirmation e. : l'historien, et l'auteur.
Affirmation f. : Las Casas et l'auteur du texte.
Affirmation g. : l'auteur du texte.
Affirmation h. : l'auteur du texte.

2. Respecter le système de l'énonciation

Voici le texte rectifié :

On pense généralement que les caractères d'une époque étaient plus accentués aux époques précédentes. Des étudiants pensent ainsi que l'exploitation des enfants, dénoncée au xixᵉ siècle, a toujours existé. Des féministes croient que les femmes n'ont obtenu la liberté qu'au xxᵉ siècle.

Pour l'historien, le progrès est indubitable, mais il se fait étape par étape et ce qui évolue d'un côté entraîne des régressions de l'autre. L'évolution n'est ni générale, ni régulière.

3. Repérer les idées essentielles du texte

Les idées omises ont été rajoutées et soulignées.
Ajoutons que l'histoire devrait jouer un rôle essentiel dans l'éducation, mais qu'elle a une utilité plus générale. Il ne sert à rien d'établir des comparaisons entre différentes époques : l'histoire doit au contraire montrer que les solutions aux problèmes sont toujours différentes. Les croisades, il faut l'admettre, étaient le seul moyen de sauvegarder les Lieux Saints au XIᵉ siècle. Par la suite, même deux siècles après, les solutions ne pouvaient qu'être différentes. Il est vrai que la réflexion à distance est plus facile.

4. Reformuler sans faire d'erreurs

Le résumé proposé comporte des oublis et un contresens en ce qui concerne l'Université.
L'histoire ne résout rien : elle aide à cerner les problèmes, ce qui est beaucoup. Sans l'histoire il n'y a ni réflexion ni savoir authentiques. Si on oublie l'histoire, on crée des peuples sans mémoire. On a tendance à dire que l'Université forme des irresponsables par mépris de la sensibilité. Or il ne faut pas oublier la mémoire : sans elle il ne saurait y avoir de liberté.

Chapitre 4

Texte 1 p. 39

1. Repérer la structure logique et les réseaux lexicaux

1. Dans le premier paragraphe, la relation sport/formation du caractère est la suivante : la pratique sportive implique que l'on ne mente pas (on ne peut en effet nier les résultats chiffrés) et que l'on ne se décourage pas (le découragement conduit nécessairement à l'échec).
Dans le deuxième paragraphe, l'idée de formation du caractère est reprise dans l'affirmation suivante : le sport met en jeu l'existence de qualités contraires (témérité/réflexion) qu'il faut apprendre à équilibrer. Sur ce plan, le sport est un outil pédagogique.
Dans le troisième paragraphe, l'association sport/

formation du caractère prend la forme suivante : le sportif ne doit pas laisser passer ses soucis, ses douleurs, ses chagrins. Le sport est une école d'impassibilité.

2. Le dernier paragraphe joue le rôle de transition ; il reprend en effet l'idée des paragraphes précédents *(heureuses occasions d'influer sur le caractère)* et annonce des objections.

3. Dans le premier paragraphe, on peut observer la structure suivante :
– Annonce de deux plans envisagés *(deux sources... de perfectionnement)*.
– Explicitation de l'idée : refus du mensonge, refus du découragement.
– Développement de l'opposition sport/mensonge : *antinomie, ne peut tricher, vérité*.
– Développement de l'opposition sport/découragement : *se décourage-t-il..., handicap, il ne réussira..., progrès* → le courage est présenté comme une condition liée à la pratique d'un sport.

4. Expression de la notion de contraire dans le deuxième paragraphe : *audace/prudence, vas-y/méfie-toi, trop calculateur/trop confiant, trop osé/trop méfiant, qualités contraires*. On observe des noms désignant les qualités, des adjectifs désignant des personnes ayant ces qualités, des ordres donnés au style direct, et une expression qui reprend l'idée de capacités opposées.

5. L'idée nouvelle du paragraphe 3 est celle de *l'impassibilité*, c'est-à-dire la capacité du sportif de supporter, sans le laisser paraître, les soucis, les échecs et les souffrances.

2. Repérer les idées essentielles du texte

1. Voici l'énumération des idées essentielles du texte. Celles qui ont été oubliées sont rajoutées ici et soulignées.
– *Le sport est doublement formateur du caractère.*
– *Il refuse en effet le mensonge et le découragement.*
– *Sport et mensonge sont incompatibles : le sportif ne peut remettre en question des résultats chiffrés.*
– *En cas de découragement, le sportif est considérablement gêné. Seule sa persévérance peut le conduire au succès.*

2. Idées du deuxième paragraphe remises en ordre : d, b, c, a.

3. La succession proposée comporte des oublis et des erreurs. Le tableau suivant fait comprendre les rectifications nécessaires :

Phrases proposées	Phrases rectifiées
oubli	*Il est difficilement concevable qu'un sportif extériorise ses états d'âme.*
Le sport donne aux athlètes une carrure intéressante	*Si le sportif a un physique développé c'est pour mieux supporter les aléas du sport.*
Il est tout à fait scandaleux que les médias révèlent les problèmes personnels des sportifs	→ le texte ne comporte pas cette idée
Le choix du costume sportif est particulièrement important	→ garder cette phrase en ajoutant : il conditionne *une certaine attitude chez l'enfant.*
L'éducateur doit profiter de la situation	*L'éducateur doit savoir tirer parti de cette tendance.*
oubli	*Mais le sport, si formateur, ne peut-il développer d'effets pervers ?*

Texte 2 p. 41

1. *Repérer les articulations logiques et les réseaux lexicaux*

1. Repérage des articulations logiques
Et (l. 2) : simple coordination de deux idées allant dans le même sens (la télévision touche un vaste public et constitue une véritable publicité).
Il en résulte que... (l. 8) : cette expression annonce l'énoncé d'une conséquence.
Enfin (l. 15) : élément annonçant la fin d'une énumération.
Ainsi (l. 17) : adverbe de valeur consécutive. Il annonce la conclusion logique de ce qui précède.
Mais (l. 19) : opposition.

Pourtant (l. 24) : expression d'une objection.
Pourtant (l. 27) : annonce d'une objection apportée à l'objection précédente.
Mais (l. 28) : opposition d'une phrase à l'autre.
Mais (l. 30) : opposition entre deux groupes à l'intérieur d'une phrase.

2. Structure du premier paragraphe
– Question : lignes 1-2
– Réponse : lignes 2-9
– 4 conséquences concernant 4 groupes humains différents : lignes 9 à 17.
– Conclusion : lignes 17-18.
Les quatre groupes cités appartiennent au réseau lexical du livre. On trouve en effet les termes suivants : *émissions littéraires, éditeurs, auteur, gent éditoriale, librairie, lecteur, lit, salons littéraires.* L'autre réseau est celui qui regroupe les notions de connaissance, de succès, de vente et de publicité.

3. Le deuxième paragraphe apporte un démenti au premier par l'expression catégorique : *Il n'en n'est rien* et par l'annonce d'un possible *revers de la médaille.* Le verbe *annuler* va dans le même sens.

4. Structure du dernier paragraphe : constat 1 (l. 22-24), explication (l. 30-32), objection (*pourtant* phrase, l. 24-27), objection apportée à une objection (*pourtant*, l. 27), constat 2 opposé au constat 1 (phrase, l. 29-33).

2. *Repérer les idées essentielles du texte*

Reprise des idées essentielles. Celles qui sont rajoutées sont soulignées.
– *Pourquoi le livre veut-il tant s'associer à la télévision ?*
– *La réponse est simple : <u>la télévision, par son vaste public, lui assure une immense publicité.</u>*
– *Une émission littéraire réussie peut faire connaître un auteur et développer les ventes.*
– *C'est pourquoi la télévision est indispensable à tous les partenaires du monde de l'édition : celui qui écrit, celui qui édite, celui qui lit. Tous ont à y gagner.*
– *<u>La relation livre/télévision peut ainsi paraître faire l'unanimité.</u>*

3. *Résumer*

Il est aberrant de mettre face à face le livre et la télévision. Le livre n'est-il pas le premier véhicule des idées, et donc indéracinable ? Pourtant, il existe une indéniable distorsion entre le livre et les médias. Leur rapprochement peut être productif, mais la production risque l'incohérence : l'un utilise l'image et la parole, l'autre, l'écrit et le sens. L'un s'adresse à la masse, l'autre est traditionnel.

Texte 3 p. 43

1. Repérer les articulations logiques, les reprises de termes

1. Entre les paragraphes 1 et 2, on observe la présence de *ainsi*, et celle de *donc* entre les paragraphes 3 et 4. *Ainsi* souligne que l'auteur fait le point à un moment de son raisonnement. *Donc* ouvre sur une conclusion.

2. Le paragraphe 3 reprend le terme *évolution* déjà utilisé dans le paragraphe 2 (*une évolution →* *cette évolution*).

3. *Cette thèse*, au début du paragraphe 5, reprend l'idée d'une différence si grande entre français écrit et français parlé que le premier passerait pour une langue morte et que seul le second serait enseigné. Liens entre les différents paragraphes :
1→2 : *ainsi*
2→3 : *cette évolution*
3→4 : *donc*
4→5 : *cette thèse*

2. Repérer les réseaux lexicaux du texte

1. Le thème essentiel du texte est la langue française, et plus particulièrement sa transformation. On note en effet de nombreux emplois du terme : *langue française* (l. 1), *français parlé et français écrit* (l. 4), *langue française* (l. 8), *dialecte, langue* (l. 9), *certaines langues amérindiennes* (l. 14), *expressions argotières* (l. 17), *français parlé et français écrit* (l. 24), *deux langues* (l. 26), *idiome* (l. 28), *français* (l. 34).

Ce terme se trouve associé à la notion de modification, de transformation et de différence : *divergence, s'élaborait* (l. 3-5), *évolution, transformation* (l. 8-9), *abîme, différence, catastrophe* (l. 18-25). Les deux réseaux du texte sont d'une part celui de la langue et d'autre part celui de la modification.

3. Repérer la structure logique du texte

1. Thèse du premier § : l'évolution de la langue pouvait laisser penser, il y a peu de temps, que l'on s'acheminait vers une scission entre le français parlé et le français écrit.

2. Le deuxième paragraphe illustre la thèse du premier en la situant dans l'Histoire. Les références littéraires permettent de dater les étapes de l'évolution de la langue : XVIIe siècle, XVIIIe, début et fin du XXe.

3. Le paragraphe 3 comporte une objection, qui est la précision suivante : l'évolution de la langue n'est pas due à une utilisation plus fréquente de l'argot ou du langage familier.
L'explication est donnée à partir de la ligne 18 : Queneau explique que l'évolution se justifie par le décalage qui existe, en français, entre la phonétique et l'orthographe.

4. Le paragraphe 4 constitue une conclusion dans la démonstration. L'idée est celle qui était contenue dans la première phrase (la thèse) reprise après démonstration. *Quoi qu'il en soit* permet de revenir à l'idée principale et *donc* la fait apparaître comme le point d'aboutissement du raisonnement.

5. Le paragraphe 5 fait apparaître un doute. L'élément nouveau est le rôle des médias. La thèse de l'auteur perd de son poids et de sa solidité.

4. Repérer les idées essentielles du texte

Les idées essentielles du texte sont ici reprises dans leur totalité et dans leur ordre. Celles qui ont été rajoutées sont soulignées :
– *Récemment on pouvait envisager un écart progressif – et dangereux – entre le français écrit et le français parlé, <u>sur le plan lexical et sur le plan syntaxique</u>.*
– *C'était là une transformation historique et logique, se faisant indépendamment des utilisateurs, ce qui la facilitait.*
– *Précisons, <u>pour être clairs</u>, que cette transformation ne dépendait <u>pas des niveaux de langue</u> mais <u>de la différence entre la prononciation et l'orthographe. Or on ne peut envisager sereinement une réforme de l'orthographe.</u>*
– *Il fallait donc craindre un divorce entre l'écrit, langue morte, et une nouvelle langue, l'oral.*
– *Ce point de vue, le mien vers 1950, semble maintenant contestable. <u>La télévision a poussé les gens à parler plus correctement</u>.*

Texte 4 p. 45

1. Repérer la structure logique du texte et ses réseaux lexicaux

1. Le deuxième paragraphe commence par *effec-*

tivement, le troisième par *aussi*. Chacun d'entre eux est suivi du mot *danger*. Ce mot se trouvait déjà dans le premier paragraphe *(n'être pas sans danger)*. Il figure aussi dans le dernier : on peut en conclure qu'il constitue un terme essentiel dans le texte. Il convient alors de préciser d'où vient le danger et quelle est sa nature.

2. A la ligne 13 se trouve exprimée l'existence de deux types de dangers : *danger économique, danger militaire*. Le danger économique est analysé tout au long du paragraphe 2. Le paragraphe 3 en revanche est consacré au danger militaire.

3. Les mots clés du texte sont : *applications scientifiques, bienfaits, danger*.

4. Le réseau lexical du danger comporte les termes suivants : *danger* (l. 5), *périra-t-elle* (l. 8), *danger économiques, danger militaire* (l. 13), *concurrencer* (l. 16), *sans travail, surproduction* (l. 17-18), *esclaves* (l. 19), *menacé* (l. 23), *moyens de destructions* (l. 30), *nuire* (l. 32). Les dangers ne sont pas précisés dans le premier paragraphe ; ils sont ensuite classés en *dangers économiques et dangers militaires*.

5. Le réseau lexical de la science et de ses applications : *applications de la science* (l. 1), *nouveaux et puissants moyens d'action* (l. 5), *enchaîner la science* (l. 11), *ivresse technique* (l. 14), *industrie* (l. 15), *machine* (l. 18, 22), *nouveautés de la technique* (l. 27), *toxiques* (l. 28), *science* (l. 30, 32, 34).

6. L'expression des bienfaits : on trouve l'adjectif *bienfaisantes* à la ligne 1, puis à la ligne 34, et le mot *bienfaits* à la ligne 37, c'est-à-dire au début et à la fin du texte. Il est nécessaire de conserver cette disposition : l'idée apparaît en effet dans la thèse et dans la conclusion de la démonstration.

2. *Repérer et respecter le système de l'énonciation*

A la fin du premier paragraphe, l'auteur cite le point de vue de *beaucoup de bons esprits,* puis de *certains*, qui peuvent, ou non, faire partie des premiers.

3. *Repérer les idées essentielles du texte*

1. Il manque plusieurs points dans l'énoncé des idées essentielles du premier paragraphe. Ces points sont repris ici et soulignés :
– *En dépit d'aspects bénéfiques*, le développe-

ment rapide des techniques comporte des risques.
– *Les hommes sauront-ils s'adapter à cette situation de développement* ou sont-ils condamnés à disparaître ?
– *De nombreux penseurs s'interrogent*.
– Certains proposent de neutraliser la science.

2. Voici l'ordre correct des idées du texte : c, b, a.

4. *Reformuler*

Le danger militaire vient des moyens scientifiques de destruction. Les effets négatifs de la science seront-ils ou non plus rapides que les effets positifs ? La question est angoissante. Si nous voulons une science bénéfique, si nous voulons qu'elle se développe, il faut créer une justice, et le faire vite.

Texte 5 p. 48

1. *Repérer la structure logique et les réseaux lexicaux du texte*

1. Le thème principal de ce texte est le *savoir*. Le mot apparaît, au pluriel, aux lignes 2-3-17-23-26-27-33-39. A la ligne 19, le terme est repris par le pronom personnel *ils*. On peut remarquer que le terme ne désigne pas exactement la même notion à chaque fois. Le premier (l. 2) désigne des savoirs acquis ailleurs qu'à l'école. A la ligne 17, il s'agit de ceux qui s'acquièrent à l'école, au contraire. *Ils* (l. 19) désigne les savoirs non scolaires.

2. Les deux notions opposées dans le premier paragraphe sont les savoirs acquis à l'école et les savoirs acquis en dehors de l'école.

3. Dans les paragraphes 3 et 4, une division apparaît à l'intérieur des savoirs non acquis à l'école. On peut établir ici le schéma du texte :

savoirs a
– mode de transmission : *l'école*
– exemples : *mathématiques, physique, philosophie, histoire, philologie*.

savoirs b
– mode de transmission : *force autonome, passion de ceux qui les détiennent*
– caractéristiques : *non contraignants, passionnants*.
■ Premier groupe : *les savoirs chauds*
Exemples : *le vent, la terre, les animaux*.
■ Deuxième groupe : *les savoirs proliférants*
Exemples : *la bande dessinée, le cinéma*.

– Caractéristiques opposant ces deux catégories : Savoirs chauds : *campagnards.*
ancestraux, familiaux, permanents et lents.
Savoirs proliférants : *non familiaux, spécifiques à une classe d'âge, urbains, éphémères.*

4. Les trois mots clés du texte sont : *école, transmission, savoirs.*

2. *Repérer et respecter le système de l'énonciation*

1. Première thèse énoncée : certains savoirs se transmettent en dehors de l'école. Les auteurs de cette thèse sont *les ennemis de l'école.*

2. Le premier verbe de la ligne 17 est à la première personne du pluriel. Cette personne se retrouve à la ligne 11 et à la ligne 33. L'auteur du texte s'inclut à un groupe désigné par *on* (l. 27-28-31-39).

3. *Retrouver les idées essentielles du texte*
Les idées essentielles sont données ici de manière complète ; celles qui ont été rajoutées sont soulignées.
– *Ceux qui dénigrent l'école affirment qu'elle ne donne pas toutes les connaissances.*
– *De fait, certains savoirs ne passent pas par elle.*
– *Mais certains dépendent exclusivement d'elle.*
– *C'est elle qui garantit, par son caractère obligatoire, l'accès de tous à des savoirs considérés comme indispensables.*
– *Il y a donc deux types de savoirs.*
– *Ceux qui ne dépendant pas de l'école se transmettent par l'enthousiasme de leurs dépositaires et la multiplicité de leurs destinataires.*
– *D'un côté, se situent les « savoirs chauds », qui relèvent de la famille et de la nature. De l'autre, les « savoirs proliférants » relèvent plutôt des instruments de communication.*
– *Ayant en commun de ne pas être originels, ils diffèrent cependant : les premiers durent, les « savoirs proliférants » se développent chez des jeunes du même âge, en dehors des liens familiaux ; leur durée est éphémère.*

4. *Reformuler*

1. Transmettre : *faire passer – passer par*
Patriciens : *privilégiés*
Bienséance : *convention*
Classes : *groupes, catégories*
Permanence : *durée, continuité.*

2. Les disciplines scientifiques : les sciences pures et certaines sciences humaines.

Chapitre 5

Texte 1 p. 54

1. *Repérer les problèmes posés par les citations et par les exemples*

1. Une citation figure dans le texte à partir de la ligne 4 : *Le pirate...* Elle se termine au mot *balluchon.* Il n'est pas possible de reprendre cette citation. Deux solutions s'offrent alors. La première est de la supprimer, étant donné qu'elle n'apporte pas d'idée mais une illustration. La seconde, si l'on a assez de mots, consiste à n'en reprendre qu'une partie : *Même si les aventuriers ne sont pas des « pirates », ils sont poussés par le besoin de changer d'horizon,* ou encore : *Même si l'on ne fait pas des aventuriers, à la manière de G. Lapouge, des « pirates »...* mais il faut remarquer que cela utilise de nombreux mots.

2. Les exemples : l'auteur cite Diogène, Montaigne, Pascal et La Fontaine pour illuster l'idée que les sages savent rester à la même place. Il est important de reprendre ces noms. En revanche, il paraît difficile de garder les catégories professionnelles des lignes 36-39 parce que les reprendre implique que l'on reprenne aussi les actes et les circonstances qui sont cités.

2. *Repérer les idées essentielles du texte*

1. Reprise des idées essentielles du premier paragraphe ; celles qui ont été oubliées sont soulignées.
– *L'aventure est associée à l'ailleurs exotique, à l'évasion.*
– *Elle naît de la nécessité de changer, sur des plans différents, corps, esprit, imagination.*
– *Ceux qui ne bougent pas sont les philosophes qui acceptent leurs conditions, dans des lieux choisis, comme Diogène, Montaigne, Pascal et La Fontaine.*
– *Un grand nombre se limite à l'aventure rêvée, accrochés à leur profession.*
– *Le véritable aventurier est celui qui refuse que l'enthousiasme générateur d'aventure soit gommé par les habitudes.*

2. Erreurs :

l'idée centrale du paragraphe (l. 24-32) est rendue uniquement par l'exemple de Montaigne. La deuxième phrase proposée est un véritable contre-sens. C'est le *savant voyageur* qui est un *anticonformiste* : il n'a pas à se battre contre les anticonformistes.

Correction

Il n'y a en effet d'aventures sans voyage. Et la recherche elle-même implique le déplacement. Les chercheurs, voyageurs de l'esprit, refusent le conformisme intellectuel.

3. L'ordre correct des idées du troisième paragraphe est le suivant : b, a, c.

3. *Reformuler*

Le goût du dépaysement, du déplacement, de la bravoure.
Beaucoup s'accrochent à leur lieu professionnel.

4. *Résumer*

Voici les mots qui manquent dans l'ordre du texte : *la bravoure ; modification ; penseurs, ou philosophes ; aventurier ; professionnel ; la nécessité ; véritable ; arrêté ou gêné ; la ; abandonna ; physiquement ; privation ; abandon ; social.*

Texte 2 p. 57

1. *Repérer les exemples*

1. Les exemples : *L'homme construit sa maison et la dote d'un chauffage* → il n'est pas nécessaire de reprendre cet exemple car il joue seulement le rôle d'illustration. L'idée est exprimée juste avant.
– L'énumération des sports aux lignes 14 et 16 constitue une série d'exemples qu'il n'est pas nécessaire de reprendre. On peut remplacer l'énumération par l'expression : *les sports naturels,* ou *les sports en contact avec la nature.*

2. Les *héros élémentaires* cités par leur nom ont en commun d'être des aventuriers en contact avec les éléments naturels. On pourrait les remplacer par l'expression : *certains aventuriers de la nature.* Il faut cependant noter que M. Siffre a dans le texte un statut un peu à part. Il est donc difficile de le faire entrer dans une expression englobante.

3. Les exemples de la fin du texte ont en commun d'être bibliques. On peut les remplacer par : *certaines calamités bibliques.*

4. Les événements historiques cités ont en commun d'être des catastrophes naturelles. On pourrait les remplacer par : *certaines catastrophes naturelles.*

2. *Repérer les articulations logiques du texte*

1. Le lien qui unit les deux premiers paragraphes est à la fois logique et chronologique. La logique (opposition) est soulignée par *mais.* La chronologie se révèle dans l'expression d'étapes : *au commencement* (l. 2), *Mais à mesure que...* (l. 8).

2. Le quatrième paragraphe commence par *Mais.* Cette articulation sert à souligner l'opposition entre les caractères bénéfiques des éléments naturels et leur force dévastatrice.

3. L'expression *Cette dimension métaphysique* renvoie à l'idée de signification symbolique du rôle des aventuriers qui appartiennent à deux mondes, le monde des humains et le monde de la nature cosmique et effrayante.
Le dernier paragraphe est une illustration de l'idée que la nature détient des forces dont le déchaînement est considéré comme significatif par certains hommes. Le paragraphe 3 a un rôle de transition. Il établit le passage entre deux aspects des éléments naturels.

3. *Repérer les idées essentielles du texte*

1. Idées essentielles des trois premiers paragraphes. Celles qui ont été rajoutées sont soulignées :
– *La vieille liaison de l'homme et de la nature est indissociable.*
– *Initialement, l'homme était tout à fait inadapté.*
– *Il diffère en effet des animaux en ce qu'il peut modifier la nature.*
– *Mais avec ses progrès, il finit par regretter les temps difficiles.*
– *Saturé d'éléments fabriqués, il souhaite revenir à la nature et le fait par certains sports qui rétablissement le contact avec l'eau, l'air et la terre.*
– *Les quatre éléments traditionnels le font vivre.*

2. C'est la formulation b qui rend le mieux le texte. La formulation a ne donne pas assez de précisions. La formulation c reprend les mots du texte et commet une erreur sur un personnage. Ce n'est pas de Lazare qu'il est question mais de M. Siffre.

Texte 3 p. 59

1. *Repérer et traiter les exemples*

1. Le premier paragraphe contient deux exemples : celui des fortifications de type Vauban, celui de l'extraction des pierres, qui est directement lié au premier. On ne peut pas les conserver tels quels. En revanche, on peut exprimer l'idée que les grands travaux du XVIIe siècle ont exigé les efforts et les souffrances des hommes.

2. On ne peut supprimer l'exemple des famines irlandaises qui figure dans le deuxième paragraphe. D'une part il occupe une place importante, d'autre part il explicite la première phrase.

3. L'exemple relatif à la vie professionnelle de l'auteur est celui qui occupe le troisième paragraphe *(Quarante ans, ce n'est pas si loin, j'étais alors...)*. L'exemple de la situation historique observée est celui de Mai 68. La série d'exemples constituant une énumération se trouve dans le paragraphe 5 (énumération des malades). On peut supprimer l'exemple professionnel, qui a pour rôle d'illustrer. On peut supprimer l'énumération de maladies. L'exemple de Mai 68 est essentiel. Il ne faut pas le supprimer car on ne comprendrait pas l'idée de l'oubli du passé (l. 39-41).

2. *Repérer le système de l'énonciation*

1. L'auteur s'adresse à un interlocuteur, qui peut être un pluriel, puisqu'il emploie *vous* à la ligne 4.

2. L'utilisation de la première personne : *J'étais alors* (l. 19), *J'entendais* (l. 34). Il faut conserver cette personne dans le résumé.

3. L'auteur s'inclut dans un groupe représenté alternativement par *on* (l. 2-9-15-16-32-51) ou par *nous* (l. 9-10-23-39-43-46-49). Il faut conserver ces pronoms dans le résumé.

3. *Repérer les liens logiques et les réseaux lexicaux*

1. Les paragraphes 2 et 3 commencent par la reprise du verbe *se souvient-on*.

2. Entre les paragraphes 4 et 5, 5 et 6, il n'y a pas de liens logiques apparents. Chacun d'entre eux s'articule au paragraphe précédent par la reprise d'un mot ou d'une idée : 4 → 5 : idée de la santé ; 5 → 6 : l'oubli de la guerre. Les paragraphes 7 et 8 commencent par *Mais*, suivi de la reprise de l'idée qui termine le paragraphe précédent : le passé, faire des merveilles ou entrer dans une ère de décadence.

3. La difficulté de se souvenir : *On oublie* (§1), *Se souvient-on* (§2, 3), *on l'oublie* (§5), *n'en ont aucune idée* (§6), *Il faut prendre les choses et les hommes* hic et nunc (§7). Les différentes évocations du passé insistent sur cette idée de la mémoire.

4. *Repérer les idées essentielles du texte*

Les idées essentielles sont reprises ici : celles qui sont erronées dans l'exercice sont remplacées par des phrases soulignées :

– *Actuellement, on oublie facilement à quel point la vie ouvrière était dure et combien les grandes réalisations ont coûté de souffrances.*
– *Il est difficile de se représenter les grandes famines qui tuèrent de nombreux Irlandais.*
– *Est-il possible d'imaginer une vie sans congés, et ce qu'étaient les conditions de travail dans les usines ?*
– *La nourriture en quantité suffisante, et les progrès de la conservation, comme tout cela a amélioré nos conditions de vie ! Et comme la santé a progressé !*
– *Un très fort pourcentage d'épidémies ont disparu, mais on l'oublie, comme on oublie la guerre.*
– *Les étudiants de 1968 n'avaient aucune idée de ce qu'étaient les SS auxquels ils comparaient les CRS.*
– *Il est difficile de transmettre une expérience passée, et vécue. Il faut vivre avec son temps.*
– *Je me demande pourtant si nous nous orientons vers une civilisation renouvelée ou vers un naufrage par trop de richesse et de facilité.*

Texte 4 p. 62

1. *Repérer et traiter les exemples*

Les exemples historiques se trouvent dans le troisième paragraphe ; il s'agit de la série des conquérants *(Alexandre, César, Charlemagne, Napoléon)* et des chefs d'État modernes *(Hitler, le président Johnson)*. Il est difficile de les reprendre tous. On peut regrouper les premiers sous l'expression *les grands conquérants* et citer les deux derniers.

2. *Le problème du style indirect*

Les lignes 35 à 51 sont constituées par un discours rapporté au style direct. C'est le discours que devraient tenir les adeptes de la non-violence, d'après l'auteur. Il s'adresse à tout ceux qui prêchent et pratiquent la haine et la violence. Transformer ce discours en style indirect serait très lourd et en atténuerait la force. Il faut donc résumer le discours en gardant le style direct. On peut le faire parce que son auteur est le même que celui du texte. Le passage sera donc résumé comme le reste du texte.

3. Repérer et respecter le système de l'énonciation

1. *La fin justifie les moyens* : cette affirmation appartient à *des gens*.
L'important est d'aboutir et les moyens importent peu : cette affirmation appartient aux mêmes *gens* (repris dans le texte par *ils* (l. 5).
On ne peut atteindre des buts justes par des moyens mauvais : cette affirmation appartient à l'auteur du texte.

2. *Les mots ou expressions qui soulignent l'énonciation sont, pour chacun des cas* : *prétendre, disent-ils, Mais* et *aient partout reconnu*.

4. Repérer les articulations logiques et les réseaux lexicaux

1. Le paragraphe 2 commence par <u>C'est pourquoi</u> qui marque une conséquence logique.

2. Le paragraphe 2 comporte une articulation interne forte, c'est le *mais* de la ligne 9. Elle oppose deux groupes et deux points de vue : le groupe de ceux qui pensent que *la fin justifie les moyens* et le groupe de ceux qui ont le point de vue exactement opposé, parmi lesquels se situe l'auteur du texte.

3. Le paradoxe du paragraphe 3 est le fait que tous ceux qui prétendent vouloir la paix commencent par faire la guerre. Il met en relief la distorsion entre les notions de *fin* et de *moyen*, montrant que dans ce cas, on ne peut pas dire que *la fin* (la paix) justifie *les moyens* (la guerre). Pour l'auteur du texte, on ne peut aboutir à la paix que par la paix.

4. *Fin* : l. 2-3-11-12-14-24-29 ; *But* : l. 4-7-8-13-17-23-26-27 ; *Moyens* : l. 2-3-6-11-13-25-27-28.
Le discours au style direct illustre le problème de la fin et des moyens. L'auteur y montre en effet que la fin recherchée étant la paix et l'harmonie, les moyens qu'il prône sont eux-mêmes pacifiques (répondre à la violence par le courage et par l'amour, par la capacité de souffrir et non par la capacité d'infliger la violence).

Chapitre 6

Texte 1 p. 67

1. Repérer et élucider les difficultés lexicales

Commerce : le mot signifie ici relation sociale, lien. Il n'a aucune signification d'ordre économique (acheter et vendre).
Arts : le mot a ici son sens étymologique et signifie technique. Il n'a aucune signification esthétique.
Révolution : ce terme signifie changement, bouleversement, modification. Il n'a pas de sens social ou politique.
Policée : le mot *policée* signifie civilisée.
Industrie : ce terme désigne une capacité d'invention, le génie créatif et non ici les applications de la science.
→ Comme on le voit à travers l'emploi de tous ces termes, il faut être attentif à l'époque du texte (ici le XVIIIe siècle) et au sens des mots : ils sont souvent pris dans un sens étymologique que l'on a tendance à oublier de nos jours.

2. Résoudre le problème des énumérations du texte

Les énumérations du premier paragraphe se trouvent dans les lignes 1-9. Elles peuvent facilement être ramenées à une seule phrase : *Aussi longtemps que les hommes purent régler individuellement les problèmes d'habitat, de vêtement, de vie et de loisirs, ils furent heureux et restèrent indépendants.*

3. Repérer les articulations logiques du texte

1. Dans le premier paragraphe, on note à la ligne 9 une articulation logique : *Mais*, qui marque une opposition. On observe également l'expression *dès l'instant que...* qui correspond à l'expression de la ligne 1. *Tant que les hommes...* : On peut dire pour cette raison que le paragraphe est construit sur une double articulation : logique et chronologique.

2. La transition entre le paragraphe 1 et le paragraphe 2 se fait sans lien logique apparent. La liaison passe par le mot *révolution* qui reprend l'idée de changement contenue dans l'apparition de la propriété, dans la nécessité du travail et dans l'apparition de la misère.

3. Le paragraphe 2 s'ouvre et se ferme sur les notions d'agriculture et de travail des métaux (*la* métallurgie, agriculture / abondante en fer, fertile en blé).

4. Le paragraphe 3 développe l'idée du travail des métaux et en recherche l'origine. Le paragraphe 4 analyse le processus de découverte et de développement de l'agriculture.

4. Repérer les idées essentielles du texte

Les idées essentielles du texte sont ici données dans l'ordre et intégralement. Celles qui ont été rajoutées sont soulignées :

– *Aussi longtemps que les hommes vécurent et agirent individuellement, aussi bien pour leur nourriture que pour leur habitat ou leurs parures, ils vécurent dans la liberté et le bonheur.*
– *Mais avec la nécessité d'une solidarité, se révélèrent l'inégalité de la propriété, le travail, les modifications de la nature et la misère.*
– *Cette transformation est due au travail des métaux et de la terre, dont la double connaissance est source d'évolution. On le voit à l'exemple de l'Europe, dont la civilisation s'explique par une double richesse en fer et en blé.*
– *Le processus de la maîtrise du fer reste mystérieux : ce n'est sans doute pas la découverte de mines, ni un incendie accidentel. Seule, l'hypothèse d'une éruption volcanique observée et reproduite pourrait expliquer la naissance de la métallurgie. Mais cela nécessitait certainement un courage et une perspicacité hors normes.*
– *Pour l'agriculture, la théorie précéda de loin l'application, mais les hommes ne s'y appliquèrent qu'assez tardivement.*

Texte 2 p. 70

1. Repérer les difficultés lexicales du texte

Esprits géométriques : les mathématiciens.
Géomètre : mathématicien.
Lettres : les textes littéraires, la littérature, les « lettres divines » désignent les textes sacrés comme la Bible.
État : ce terme désigne ici une profession, un métier.

2. Identifier le système de l'énonciation du texte

1. L'auteur s'adresse à un interlocuteur à partir de la ligne 26. Celui-ci est représenté par le pronom personnel *vous*.

2. *Les mathématiques servent à rectifier dans la*

jeunesse les erreurs de raisonnement : cette affirmation appartient à *on* (l. 35).
Prétendre arranger l'entendement d'un enfant, c'est vouloir arranger une chambre vide : ce point de vue appartient à *on*, mais il est probable que ce *on* ne représente pas les mêmes locuteurs que le premier puisque c'est une opinion contraire qui est exprimée. On peut d'ailleurs penser que l'auteur partage ce point de vue.
Est-il bien vrai que l'étude des mathématiques soit si nécessaire dans la vie ? Cette interrogation appartient à l'auteur du texte.

3. Repérer les idées essentielles

Les idées omises sont rajoutées et soulignées :

§1   *Les mathématiciens ont tendance à se tromper dans la vie courante, parce qu'ils recherchent l'absolu. Or celui-ci n'existe ni dans les lois ni dans les coutumes.*

§2   *Les mathématiques et la morale s'opposent parce que s'opposent la simplicité des unes et la complexité de l'autre. Il faudrait une alliance des deux pour éviter les erreurs.*

§3   *Les mathématiques ne sont qu'un instrument illustrant la faiblesse de l'esprit. Ce sont des éléments qu'on manipule sans exercer l'esprit. On peut voir la différence entre celui qui rapproche deux pensées A et B par un système d'analogies et celui qui se contente de les multiplier.*

§4   *Avec une éducation strictement mathématique, vous faites des têtes remplies de signes et vous supprimez les facultés imaginatives et créatrices d'un enfant. Vous le conduisez à raisonner par principes.*

§5   *Les mathématiques, a-t-on dit, corrigent les erreurs de logique. Mais on a dit aussi qu'il fallait préalablement avoir de quoi raisonner. Une fois les connaissances acquises, donnez les principes de classification.*

§6   *Enfin, les magistrats ont-ils besoin de savoir ce qu'est un triangle ? Si l'on veut du « positif », ce n'est pas dans les sciences qu'il faut le chercher.*

Texte 3 p. 72

1. Comprendre les références culturelles et historiques du texte.

Si l'on ne fait pas attention à la date d'écriture du texte, on peut penser que l'expression *depuis vingt ans* renvoie à 20 ans en arrière par rapport au lecteur d'aujourd'hui, c'est-à-dire aux années 1970. On fait donc un grave contresens. Les données historiques du texte *Dans vingt ans* l. 16, *quand le doute eut pénétré...* l. 26 se trouvent faussées.

2. Repérer les réseaux lexicaux

1. Le réseau lexical dominant est celui du surnaturel : *surnaturel* (l. 1, 27). *croyances naïves* (l. 5), *la peur du mystérieux* (l. 6), *visite des esprits* (l. 8), *somnambulisme* (l. 9), *inconnu* (l. 13), *irréel* (l. 16), *impossible* (l. 35), *inexpliqué* (l. 35).

2. Ce réseau lexical est associé à celui de la littérature fantastique. Celle-ci apparaît dans le texte dans les mots et expressions suivants : *littérature fantastique* (l. 18), *écrivains fantastiques* (l. 22), *surprenantes histoires* (l. 23). Les exemples cités sont des écrivains de littérature fantastique Hoffmann, Poe (l. 21), repris à la ligne 33.

3. Repérer les idées essentielles du texte
L'ordre des idées essentielles est rétabli. Les idées rajoutées sont soulignées :
– *En vingt ans, l'inexpliqué a disparu, définitivement.*
– *Vos descendants seront surpris de ce qui nous faisait peur et ne le comprendront pas, faute d'expérience. Quelques-uns persistent encore à croire à l'inexpliqué.*
– *Nous nous sommes laissé longtemps effrayer par l'inconnu. Nous reconnaissons maintenant notre erreur et refusons ce dont nous avons l'explication, même incomplète. La modification de l'image du monde, prévisible à court terme, même dans les campagnes, va sans doute mettre fin à la littérature fantastique.*
– *Cette littérature a pris des formes différentes du Moyen Age à nos jours. A l'époque de la crédulité, les auteurs fantastiques avaient la part belle pour jouer sur les peurs.*
– *Mais avec l'apparition du scepticisme, le romancier a entraîné son lecteur dans un domaine d'incertitude et de déséquilibre, proche, simultanément, de la réalité et du mauvais rêve.*
– *C'est là la réussite de Poe et d'Hoffmann.*

Texte 4 p. 73

1. Comprendre les références culturelles et historiques du texte

1. Le texte comporte dès le premier paragraphe une indication temporelle : *ces derniers temps*. Si l'on ne fait pas attention à la date de publication (1894), on peut penser que l'expression renvoie aux années 1980-90. Le texte comporte d'autres données temporelles qui risquent de la même façon d'être mal comprises comme l'expression *en ce temps-ci* (l. 46).

2. L'expression *savoir positif* fait référence au mouvement appelé le Positivisme. Caractéristique du XIXᵉ siècle, le Positivisme repose sur l'idée que les sciences permettront, à court terme, de résoudre tous les problèmes, qu'ils soient scientifiques, économiques ou sociaux. Il apparaît clairement que l'auteur du texte ne partage pas cet enthousiasme pour les sciences et qu'il refuse l'étude scientifique de la littérature.

2. Repérer les citations et les exemples

1. Le texte comporte une citation (l. 14-15). L'idée que comporte cette citation est essentielle. Il faut donc garder l'idée et l'intégrer au texte sous la forme de style indirect.

2. L'exemple des mathématiciens est important parce qu'il montre que des hommes de sciences peuvent avoir une attitude sensible et sensée (aux yeux de l'auteur) face à la littérature. Il vaut donc mieux le conserver en le réduisant.

3. Repérer les idées essentielles
Les idées essentielles sont données ici. Celles qui ont été rajoutées sont soulignées.
Dernièrement, on a voulu enseigner la littérature comme d'autres disciplines et on l'a transformée, à tort, en une suite d'événements.
– *Cette erreur vient d'une volonté de transformer toute discipline en matière étudiable scientifiquement. Je regrette de citer Renan, qui pense que l'Histoire littéraire peut remplacer la lecture des œuvres.*
– *Or c'est l'œuvre qui est essentielle et originale, non les commentaires et les analyses, ces pratiques scolastiques dont la Renaissance nous a débarrassés.*
– *Dans le domaine artistique, nul ne peut prétendre connaître exhaustivement une œuvre. La littérature ne s'apprend pas : elle s'apprécie, se goûte. Et je préfère l'attitude de mathématiciens qui y trouvent un plaisir à celle de littéraires qui mettent la littérature en fiches. La littérature est un plaisir.*
– *Elle conduit à se familiariser avec les idées. Or il*

est important, à notre époque, de « philosopher ». Sans la littérature, on ne peut accéder à des domaines philosophiques qui expliquent et engendrent les modifications socioculturelles.

Vocabulaire

1. Mots utilisés dans leur sens propre

Désintéressée p. 12 : M. Tournier utilise ce terme en l'appliquant à l'éducation donnée sous l'Ancien Régime. Il veut faire comprendre que cette éducation initiatique n'avait pas un but utilitaire : elle n'avait pas pour objet d'apprendre un métier mais de sensibiliser à une culture.

Aberrant p. 12 : Par l'utilisation de cet adjectif, M. Tournier met l'accent sur ce qui lui semble une double erreur grave, d'une part supprimer la part désintéressée et initiatique de l'éducation, d'autre part accorder une part trop importante aux mathématiques.

Alternative p. 18 : Ce terme désigne, dans le texte de G. Montassier, un double choix, une double orientation. Cette double orientation est d'ailleurs soulignée par *Ou bien ... ou bien* (l. 26, l. 29) : c'est, pour la télévision, le nivellement ou l'élitisme.

Médiations p. 28 : En parlant de communication, B. Pingaud souligne que celle-ci a besoin de moyens, d'instruments, d'intermédiaires. Le terme *médiations*, dans lequel on retrouve la racine *media*, désigne ces moyens (qui peuvent être techniques ou humains) permettant de passer d'un domaine à un autre.

Amnésique p. 31 : Ce terme définit celui qui a perdu la mémoire. Dans sa réflexion sur l'histoire, R. Pernoud affirme que ceux qui ne connaissent pas l'histoire sont semblables à ceux qui ont perdu la mémoire. Ils sont déstabilisés, ne connaissent plus leurs racines ni leur identité.

Monopole p. 49 : Ce terme désigne ce que l'on possède en propre, donc une caractéristique spécifique. Dans son analyse des savoirs, J.-C. Milner reprend l'affirmation de ceux pour qui l'école n'a pas, à elle seule, la spécificité de transmettre la connaissance. D'autres moyens, d'autres domaines partagent avec elle cette capacité.

2. Mots utilisés dans leur sens figuré ou avec une connotation particulière

Voyagé p. 7 : L'utilisation de ce participe passé passif constitue une sorte de néologisme. Il est en effet très rare d'employer le verbe *voyager* à la voix passive ; dans le texte, l'auteur attire l'attention de cette manière sur le comportement passif et dépourvu d'initiatives de ceux qui choisissent le voyage organisé. On observe d'ailleurs que les phrases précédentes comportent de nombreux termes à la voix passive : *transporté, animé, surveillé...*

Cuver p. 24 : Le choix de ce terme fait métaphore. R. Escarpit assimile sa colère à l'ivresse (on dit en effet *cuver son vin*), et à la pratique qui consiste à laisser séjourner le vin dans une cuve. Il souligne par là qu'il se laisse un délai avant de rédiger des lettres dans lesquelles s'exprime sa colère.

Parasite p. 28 : Dans son sens littéral, ce terme désigne des organismes vivants qui se nourrissent et survivent aux dépens des autres. Dans le texte de B. Pingaud, le mot est employé de manière ironique pour désigner ceux qui vivent de la littérature sans être eux-mêmes des auteurs et qui jouent le rôle d'intermédiaires entre les textes et les lecteurs.

Levain p. 55 : Ce terme désigne, dans son sens propre, un élément qui permet à la pâte (celle du pain, par exemple) de gonfler et d'être légère. Le mot est employé dans le texte pour désigner, par métaphore, un élan, un mouvement, un élément actif capables de développer le goût et l'esprit d'aventure.

3. Expressions employées dans leur sens propre

Refouler ses pulsions agressives p. 16 : Cette expression appartient au lexique de la psychanalyse. Elle désigne, au sens propre, l'action de repousser au fond de soi les tendances que l'on peut avoir à être violent et destructeur. B. Bettelheim, qui était psychanalyste, attire l'attention sur le fait que ce comportement lui semble mauvais. Il serait d'après lui plus utile que chacun puisse utiliser efficacement la violence qui est en lui.

L'usage du monde p. 55 : Dans le texte de R. Mathé, cette expression est à prendre au sens propre. Elle désigne la fréquentation de ceux qui nous entourent, la découverte des autres, la confrontation avec ce qui se passe autour de nous.

Majesté cosmique p. 57 : Cette expression est à

prendre au sens propre. Elle désigne la grandeur impressionnante et effrayante des éléments du monde lorsqu'ils se déchaînent. L'adjectif insiste sur la grandeur en mettant en cause l'univers entier. L'expression suggère aussi le respect devant des forces quasiment divines.

Processus de dégénérescence p. 60 : L'expression désigne un déroulement, une orientation conduisant à une destruction progressive de ce qui fait les valeurs d'une société. Il y a là l'idée d'une décadence et d'une perte de qualités propres à des êtres humains.

La question de la fin et des moyens p. 62 : l'expression fait référence au proverbe qui dit : « la fin justifie les moyens ». Dans le texte de Martin Luther King, le problème traité est précisément celui de l'adaptation d'une façon d'agir aux objectifs visés. Ce problème est présenté comme un des plus importants qui se posent aux penseurs, aux philosophes et aux hommes d'État.

4. *Expressions utilisées dans un sens particulier, avec des connotations, sous forme d'images, de comparaisons ou de métaphores*

Danses du scalp p. 24 : Cette expression est empruntée au domaine concernant les Indiens d'Amérique du Nord et fait allusion aux gesticulations rythmées de ceux qui s'apprêtaient à dépouiller leurs prisonniers de leur chevelure. Dans le texte, R. Escarpit utilise cette expression pour mettre en relief, de manière imagée, les gesticulations de colère qui souvent précèdent des décisions importantes.

Le chemin du public p. 29 : L'expression désigne ici le fait que les écrivains doivent retrouver un moyen de communiquer avec les lecteurs potentiels. L'auteur du texte explique que les auteurs contemporains ne sont pas assez lus ni compris parce que leurs œuvres sont difficiles et nouvelles.

Ils doivent donc, grâce à l'enseignement de la littérature, trouver une orientation vers ceux qui pourraient les lire. L'expression est une métaphore.

Les épaules larges p. 40 : L'expression est à double sens. Elle désigne d'abord le développement physique des athlètes, qui ont souvent une carrure impressionnante. Elle est ensuite à prendre au sens figuré : *avoir les épaules larges* signifie dans le langage courant être capable de supporter beaucoup de choses et en particulier des choses désagréables. Cela rejoint dans le texte la notion de courage et d'impassibilité.

Y a-t-il un revers à la médaille p. 40 : Cette expression est issue de la langue parlée commune. Elle met en relief l'existence, parallèlement à quelque chose d'agréable, de son contraire. Dans le texte, cette existence, posée sous forme de question, est celle d'éventuels côtés nocifs du sport sur le plan du comportement et de la formation du caractère.

Mariage de déraison p. 42 : L'expression est construite à partir de la formule *mariage de raison* qui désigne une alliance entre deux familles pour des motifs d'intérêt. Le choix du mot contraire insiste ici sur ce que l'alliance entre le livre et les médias peut avoir, pour l'auteur, d'incongru, d'étonnant et d'inefficace. L'auteur joue donc sur les mots. L'expression se justifie dans le contexte d'un réseau lexical récurrent dans le texte, qui est celui de l'alliance (donc du mariage).

Enchaîner la science p. 46 : L'auteur fait référence au mythe de Prométhée et utilise ainsi une métaphore. Devant les dangers que présentent les applications scientifiques, la question qui se pose est celle de l'arrêt ou de la poursuite des recherches. L'allusion à Prométhée est particulièrement significative puisque, d'après la légende, c'est lui qui donna le feu aux homme, leur permettant de créer la métallurgie.

Les mots clés du résumé

Les numéros renvoient aux chapitres.

En français, le bac, j'ai confiance !

PREPABAC
L'entraînement par les exercices

- l'essentiel du cours
- des exercices types
- les rappels des points importants

français

HATIER

ANNABAC
92
Tous les sujets du bac 91

- tous les sujets classés par thèmes
- des sujets complémentaires
- le tableau des sujets les plus fréquents
- un index
- un classement par académie

français

HATIER

ANNABAC
92
corrigés

Avec leurs corrigés

- des corrigés très détaillés écrits par des professeurs de Terminales
- des plans structurés avec toutes les étapes de raisonnement
- le rappel de ce qu'il faut savoir avant d'aborder le sujet
- de nombreux conseils, gestion de temps, critères d'évaluation...

français

HATIER

Hatier n°1 pour le bac

Aubin Imprimeur
LIGUGÉ, POITIERS

IMPRESSION – FINITION
Achevé d'imprimer en septembre 1991
N° d'édition 8677 / N° d'impression P 38706
Dépôt légal septembre 1991 / Imprimé en France